新时代〈管理〉新思维

企业数字化转型

新时代创新赋能

U0331295

DIGITAL TRANSFORMATION FOR ENTERPRISES

许德松 邹俊 著

清华大学出版社

北 京

内 容 简 介

本书针对企业应当如何进行数字化转型做了详细讲解，除了从传统的企业管理者视角对数字化转型剖析，还从员工、团队视角对企业的数字化转型进行了创新性阐述。书中有步骤、有重点地传授了数字化转型的相关干货，具有很强的可读性。

本书共有 10 章。第 1～2 章主要讲述数字化转型的内涵、企业数字化转型的必要性、数字化转型中的精益思维，从宏观上对企业数字化转型进行了剖析。第 3～10 章主要讲述企业经营的各个环节如何进行数字化转型，包括战略创新、数字化生产、用户需求管理、业务数字化、服务数字化、数字化组织、组织升级、数字文化，条分缕析地对企业数字化转型的方法进行了富有逻辑性的阐述。

本书适合企业管理者、创业者以及对数字化转型感兴趣的人群阅读。

图书在版编目 (CIP) 数据

企业数字化转型：新时代创新赋能 / 许德松，邹俊著. —北京：清华大学出版社，2023.5（2024.7重印）

（新时代·管理新思维）

ISBN 978-7-302-61942-0

Ⅰ.①企⋯　Ⅱ.①许⋯ ②邹⋯　Ⅲ.①数字技术－应用－企业管理－研究　Ⅳ.①F272.7

中国版本图书馆CIP数据核字(2022)第180874号

责任编辑：刘　洋
封面设计：徐　超
版式设计：方加青
责任校对：王荣静
责任印制：刘　菲

出版发行：清华大学出版社
　　　　　网　　　址：https://www.tup.com.cn，https://www.wqxuetang.com
　　　　　地　　　址：北京清华大学学研大厦 A 座　　　　　邮　　编：100084
　　　　　社 总 机：010-83470000　　　　　　　　　　　邮　　购：010-62786544
　　　　　投稿与读者服务：010-62776969，c-service@tup.tsinghua.edu.cn
　　　　　质 量 反 馈：010-62772015，zhiliang@tup.tsinghua.edu.cn
印 装 者：大厂回族自治县彩虹印刷有限公司
经　　销：全国新华书店
开　　本：170mm×240mm　　　印　　张：15.75　　　字　　数：237 千字
版　　次：2023 年 5 月第 1 版　　　印　　次：2024 年 7 月第 2 次印刷
定　　价：88.00 元

产品编号：097614-01

前言

　　任何时代的变革都会淘汰一批人，但同时也会成就一批人，数字化时代更是如此。企业进行数字化转型，不仅是时代的大势所趋，更是为了使企业自身能在汹涌的数字化新浪潮中独占鳌头，成为行业翘楚。

　　随着数字技术的迅猛发展，传统的产业结构受到了前所未有的冲击。《中国互联网发展报告 2021》指出，2020 年我国数字经济规模达 39.2 万亿元，占 GDP 比重 38.6%，保持了 9.7% 的增长速度，成为经济增长的关键动力。在数字经济时代，企业的数字化水平越高，制定的发展战略越精准，就越能在激烈的市场竞争中脱颖而出，实现基业长青。

　　越来越多的企业管理者意识到，数字化转型是提升企业核心竞争力的有效途径。企业要精准把握数字时代的特征，把握数字化转型的机遇，优化顶层设计，加强与合作伙伴的交流与合作关系，推动各项数据的统筹与整合，这样才能利用数字化转型的优势引领企业的未来。

　　数字化转型是一个长期的过程，并非一朝一夕就能够完成，因此需要大量资源长期支持。大型企业进行数字化转型水到渠成，因为它们具有先进的技术、优秀的人才以及雄厚的资金。而对于中小型企业而言，数字化转型并非一件易事。由于缺少资金、技术、人才等支持，很多中小型企业会在数字化转型的过程中失败。因此，企业管理者要从宏观的战略角度去思考究竟该如何进行数字化转型；从微观的角度分解战略，由点及线、由线及面地将战略落地。这是一项艰巨的任务，企业上下要坚定信心、众志成城、迎难而上。

　　本书不仅以传统的管理者视角对数字化转型进行了探讨，还从员工、团队等独特视角出发，全面阐述了企业数字化转型的发展趋势，以及数字化转型战略分解落地之后如何对企业进行赋能。为便于读者更好地理解理论性内容，以及更加直观地了解数字化转型的操作方法，书中引入了许多具有代表性的案例，希望可以对读者产生一定的启发。

作　者

目录

01 ··· 第1章 数字化转型：企业发展新动能

02 ››› 第2章 思维变革：从复制思维到精益思维

03 ››› 第3章 战略创新：做好转型的蓝图规划

04 ››› 第4章　数字化生产：灵活响应，渐进式开发

05 ››› 第5章　用户需求管理：整合数据，实现精细化管理

06 ››› 第6章　业务数字化：快速调整战略，持续提升竞争力

07 ⟩⟩⟩ 第 7 章　服务数字化：从"人找服务"到"服务找人"

08 ⟩⟩⟩ 第 8 章　数字化组织：快速响应，灵活机动

09 ››› 第 9 章　组织升级：释放员工潜能，提升组织协作效率

10 》》》 第 10 章　数字文化：构建生机型企业文化

第 **1** 章

数字化转型：企业发展新动能

自"数字化转型"这一热点话题诞生以来，构建数字化产业链、培育数字化生态已经成为企业发展的新趋势。企业将数字化提升到新的战略高度，数字化转型企业数量激增。虽然越来越多的企业已经意识到数字化转型的重要性，但真正能够利用数字化技术赋能的企业却凤毛麟角。因此，如何利用数字化技术打造合适的数字化平台，实现对企业生产、销售、运营等环节的全方位赋能，驱动企业在数字化转型之路越走越远，是企业应对未来发展大趋势的当务之急。

1.1 什么是数字化转型

数字化转型是建立在信息技术的基础上、深度整合企业内部核心业务的新型商业模式。企业数字化是数字经济的基础设施建设，数字化转型对于企业的意义不言而喻，关系着企业日后的生存与发展。下面将结合一些企业案例，对数字化转型的含义、其与信息化的具体区别，以及数字化转型的各个阶段做出细致的解读。

1.1.1 数字化转型：用数字化技术驱动企业变革

数字经济是推动未来经济发展的重要手段。对现有经济进行全面数字化转型，能够使传统生产关系和生产元素按照最优原则重新排列组合，使资源得到最大化的合理利用；也能够让现有的生产关系和生产元素产生更多的生产力价值，从而构筑起企业经济发展的基石。而企业作为市场经济的微观主体，其数字化建设的情况将直接决定数字经济的发展。由此可见，企业数字化转型已是大势所趋。

近几年，国外的企业纷纷进行数字化转型和变革，寻求新的发展机遇。其实国内的互联网消费已经逐渐超越全球互联网消费，但国内企业的数字化转型仍旧处于落后地位。数字化究竟指的是什么呢？

企业数字化转型本质上是以信息技术为载体的企业价值重构的过程。简单来讲，数字化是以高新的数字技术为核心，包括计算、存储、传输和交互等环节，将企业的传统运营方式转变为以数字技术为主的运营模式。与此同时，数字化转型为企业搭建一个更加高效的网络环境，让企业与企业之间可以建立起更为直接、立体的连接，从而省去中间一些不必要的步骤，使得经济运行更加低成本、高效率。

数字化转型的具体内容可以从意识认知、企业策略规划和企业运营这 3 个层面进行归纳。

（1）在意识认知层面，企业需要从内部提高对数字化的认知水平，在内部建立从上至下的数字化转型认知体系，使企业上下级员工充分认识到数字化转型的重要性及紧迫性，进一步强化技术和业务协同发展的意识。同时，企业还要深化数字文化建设，营造企业数字化转型的文化氛围，推进各个部门对数字化转型内容的学习，形成上下双向驱动的数字化转型文化。

（2）在企业策略规划层面，企业管理团队负责制定企业级数字化转型战略，并进行全面系统的规划布局，建立数字化的企业架构，组建数字化的人才团队，从宏观战略角度坚定企业的数字化转型决心。同时，企业要建立数字化创新机制，增强数字技术对企业各环节的赋能。除此之外，企业还需要在整个企业内部打造企业数字化生态体系，以开放共享的理念连接各类合作主体，共建数字化生态环境。

（3）在企业运营层面，企业要对组织进行全面升级，调整组织架构，形成适应数字经济发展的创新型组织体系；构建以客户为中心的全方位服务数字化系统，建立多方位数字化服务体系；进一步推动数字化产品研发，在企业内部构建起实时反应、与时俱进的研发体系；通过数字化技术管理，建立数字化运营机制，推动以数据为核心的自动运营机制的建设；构建数字化营销体系，形成引流、转化、留存为一体的运行机制；建立数字化增长模型，不断对各个领域的增长模型进行优化；实现企业数据实时感知，充分发挥数据价值；打通企业内外的联通网络，实现多生产要素的网络连接。

数字化技术作为信息化的基础，在大数据、人工智能、区块链等创新技术的应用过程中，可以构建企业间的动态数据模型，结合行业综合数据进行高效对比，有效分析企业经营短板，及时预警异常数据，维护企业发展的稳定性，有效建立起企业的核心竞争力。

例如，启测云是一款专注于提升企业经营管理效率的数据 App。它能够实现数据监测、商机管理和客户管理等功能，动态记录企业不同发展阶段的具体经营数据，并通过区块链技术完成储存，形成真实的经营数据链，进而成为企业的数字信用凭证。这种数字信用体系，在启测云快速发展的基础上，将成为企业融资中的有效信用凭证。

1.1.2　数字化 vs 信息化

数字化和信息化的区别是什么呢？单纯从概念上来看，信息化是指将企业的生产过程、物料交接、资金流动和客户交易等业务过程，通过各种信息系统，由网络加工并生成新的信息资源。其实，信息化也就是对企业的日常业务流程进行信息整理，并做好记录，以此来提高企业内部工作人员的工作效率。而数字化则是由大量信息化记录的数据构成，可以对企业的运作模式进行数字建模，最大限度地优化管理模式，以此来指导企业的运营。

信息化和数字化在应用范围、连接效率、数据整合和思维方式这 4 个方面的不同尤为显著。

（1）在应用范围方面，信息化属于单个系统业务的局部优化，而数字化则是全域系统或流程的整体优化。

（2）在连接效率方面，信息化缺少生产关系和生产元素间的连接，因而效率普遍较低；数字化则为全连接打通，更为高效。

（3）在数据整合方面，信息化的数据较为分散，并未建立起应有的联系，也未发挥出其真正的价值；数字化的数据会更为集中，并深入挖掘数据的资产价值。

（4）在思维方式上，传统的企业所体现的是一种严格的、固有的和缺乏活力的管理机制，因而信息化系统的设计思路并未做到全方位考虑用户的需求，进而未能有效满足用户需求。而数字化的核心则是解决用户的需求，提高经营效率。这也是企业数字化转型后依据各类高新技术手段有效体现用户需求、推动企业经营发展的新策略。

简而言之，信息化是由业务到数据，而数字化恰恰相反，是由数据到业务。相对于信息化而言，数字化更加致力于改变传统的商业模式，让业务和技术进一步交互，建立起连接，实现企业经营模式的革新。需要明确的是，数字化并不是对传统企业以往信息化成果的全部否定，而是对于以往企业综合信息化系统的整合与优化。企业在整合优化的基础上，进一步提升公司内部的管理和经营水平，利用新的信息技术手段来有效提升企业新的技术能力，以此来适应数字化转型的新变化。从本质上看，数字化是信息化高级阶段的表现，是信息技术得以全面发展、创造价值的更高层次。

信息化与数字化的建设基点、构成要素、建设生产控制信息链的途径均不相同。信息化依托于发展的先进经验，利用信息化的设备和系统对企业进行升级；而数字化则是在信息化的设备和系统基础上，对企业进行数字化技术的赋能。信息化的要素主要是各类信息管理系统以及信息化管理理论；而数字化的要素则是各类数字化控制系统、生产系统以及各种技术理论。信息化强调信息化系统对采购、生产、销售流程的一体化连接；数字化强调数据网络对采购、生产、销售流程的赋能，助力加快其运转速度，提高企业生产效能。

简单来说，信息化为企业发展提供参考，数字化则为企业发展提供决策；信息化体现企业的发展观念，数字化指明企业的发展方向。

例如，某互联网公司通过信息化系统重构企业内部结构，使得各环节、各流程公开透明，进一步优化企业管理模式，降低管理难度。该公司在信息化改造覆盖全部业务流程之后，实现了对整个业务流程的全面把控，因而可以将各个环节的数据及时控制在合理的范围内，从而达到有效缩短交货时间、订单周期和结账天数的目的。另外，该公司着重加深对内部管理流程的认识，使各部门参与者意识到每个环节的价值，实现企业管理模式的转变，促进公司未来发展。显然，信息化是单个系统业务的优化。

数字化与信息化虽然有区别，但也存在一定的联系。首先，二者都是以信息技术为支撑，脱离信息技术，是信息化与数字化都无从谈起。其次，二者建设的重点，都是通过数据信息使企业内部各个环节、企业与企业建立起横向和纵向的无障碍连接。最后，数字化是在整合企业以往的信息化技术与内容的基础上，利用数字技术进一步提高、完善整个运转流程，提高企业生产效能。

因此，数字化与信息化既互相区别，又紧密联系。企业不能简单地将二者画等号，也不能认为二者截然不同。

1.1.3　传统企业数字化转型的 5 个阶段

企业数字化转型是不可逆转的时代趋势，数字化转型能够帮助企业更好地应对来自未来的不确定性。同时，新技术的发展使得市场与用户的需求也发生了巨大的变化，传统的同质化产品不再满足用户的个性化需求。若想在竞争激烈的市场存活下去，企业必须进行全方位的数字化转型。

企业在进行数字化转型之前，需要明白什么是数字化，以及企业数字化的范畴。数字化不是单纯地使用先进的技术打造管理平台，将企业的业务流程串联起来，也不是使用大数据、云计算等技术将企业每个环节的数据进行分门别类地存储和计算。这些只能算作企业的信息化管理，或者企业数字化的初期尝试。

传统企业的数字化转型需要经历以下 5 个阶段。

1. 数字化技术为传统信息化企业赋能

一般而言，当代企业大多具有一定的信息化基础，在日常办公中会使用信息化工具或系统，例如线上打卡系统、员工电子档案系统、生产管理系统等。企业通过使用信息化管理平台提升企业的运转效率，降低企业的生产管理成本。

数字化转型不能一蹴而就，利用数字化技术为传统的信息管理平台赋能成为搭建企业数字化平台的最好方法。对企业原有的信息化平台进行完善和扩建，可以减少企业数字化转型的成本，同时能够使员工更快地接受新平台。例如将线上打卡系统升级为多人协同办公系统，员工不仅能够打卡，还可以实现线上多人合作办公，自动生成工作日志；将员工电子档案系统优化为人力资源管理信息系统，HR 不仅可以随时调阅员工个人档案，还能够及时对员工岗位调动进行更新；将生产管理系统打造为生产制造执行管理信息系统，能够将生产计划和生产调度进行有机结合，实现全方位的生产效能提升。

2. 数据的集中和连接

数据是数字化的基础，没有数据作为基石，就无法搭建起数字化的"城堡"。而在传统企业中，数据往往散落在业务流程的各个环节，极少受到重视。企业进行数字化转型的第一步，就是要收集这些数据，将其分门别类地进行整理，以待日后进行业务分析、指标确定和战略讨论时使用。例如企业在生产过程中能够使用自动传感器等设备收集数据，在销售过程中能够通过用户反馈系统收集数据，在营销过程中能够通过网站埋点收集数据。

企业收集到这些数据之后，可以对其进行整理，并对不足的数据进行定向收集。需要注意的是，数据收集的成本较高，因此在收集之前，企业一定要做好路线和场景规划，在业务层面尽可能多地对数据收集工作予以支持。

企业在将数据集中之后，要对其质量进行检验，保证同一种数据在不同的系统中是一致的，避免后续出现问题。企业可以通过 BI（Business Intelligence，商业智能）平台、数据仓库等对相邻环节的数据进行校验，并将数据质量纳入日常运营管理范围，打通数据壁垒，避免信息孤岛。只有让数据集中，连接在同一个平台，才算真正完成了企业数字化转型的前期工作。

3. 数据的分析与展示

数据的集中连接完成后，企业需要对其进行分析与建模，深入挖掘数据内在价值，并将其以可视化的形式展现出来，例如生成报表、可视化报告、有观赏价值的数据大屏、动态的可预估未来趋势的数字模型等。这些可视化的数据形式，能够为企业的管理者提供更加直观的视角，使其发现很多正在发生或者潜在的风险，及时找到解决方法并做出预防。

例如在数字化转型之前，企业管理者需要依据某个环节的数据报表做出发展决策，可能需要从总部到分公司再到部门进行层层追问，等拿到准确数据报表的时候已经错过最佳决策时机。对于企业来说，时间就是生命。而在数字化转型之后，企业所有数据实现可视化，企业管理者只需要直接查看员工提交上来的相应报表，无须任何人员的额外协助，就能够实时掌握企业动态，并以此为依据，做出更加切实可行的发展决策。

4. 精益分析

在前 3 个阶段推进一段时间之后，企业已经可以熟练应用数据，并将其作为企业发展的助力。但是将庞大且复杂的数据完全收集起来的成本相当高，如何才能降低数据收集的成本而不影响数据的质量呢？这是很多企业管理者都在思考的问题。

企业此时进入了数字化转型的精益分析阶段。例如，传统制造企业在推行精益分析方法时，首先要推行精益工业设备。工业工程师会通过现场诊断，来分析企业生产运营管理中存在的问题，并针对问题提出建设性的解决方法，同时预防潜在的风险发生。

绝大部分传统制造企业在设备精益化方面相对落后，而精益分析阶段则是最需要使用数字化软件、硬件技术和工具的阶段。精益化分析需要通过使用这些设备和技术来简化、优化精益化分析的过程，将原来凭借人工经验现场诊断给出结论的过程，转变为实时数据驱动的数字化诊断过程。相比于依赖人工经验的现场诊断，数字化诊断能够更加客观、全面、及时地发现在企业生产中存在的成本浪费问题，这也是促进企业真正走向数字化、智能化的一大步。

5. 高阶分析

高阶分析建立在精益分析的基础之上。得益于精益分析的成果，企业的生产过程及企业管理者被赋能，能够更加及时、准确、全面地发现企业在生产运营过程中存在的问题。而在发现问题之后，企业管理者就需要分析问题，寻找其产生原因，并针对问题提出切实可行且高效的解决方案。

高阶分析利用大数据和人工智能技术，结合机器学习等方法，能够对以往的历史实践进行经验提炼，并对未来的生产问题做出预测。APS（Advanced Planning and Scheduling，高级计划与排程）等系统的应用能够为企业的生产计划乃至战略决策提供智能化建议。同时，知识图谱等技术能够实现企业的知识库自由，计算机视觉、听觉等技术能够取代简单、重复劳动的人工岗位。

企业的每个生产流程节点都会存在一些场景，需要大数据和数字化技术，帮助企业管理者快速做出决策，甚至在一些简单的程序上实现自动化决策。高阶分析能够真正实现企业的数字化、智能化生产，只有这样才算是基本实现了企业的数字化转型。

1.1.4 何时进行数字化转型

企业何时进行数字化转型？这是很多企业都在思考的一个问题。企业进行数字化转型需要考虑的因素过多，实施成本也很高，有些企业便因此一直停滞不前，不敢迈出数字化转型的第一步。其实，企业进行数字化转型的时间越早越好。越早开始转型，可以尝试的路径就越多，后期一旦转型成功，就有很大机会能成为业界翘楚，引领整个行业的发展。剪刀差理论和马太效应可以解释这个观点。

1. 剪刀差理论

企业数字化转型是一项长期工程，需要一定的时间才能看到效果。数字化成本在初期高于人力成本，但随着时间的推移，在经过某一节点后，数字化转型的成本会变低，人力成本会变高，企业的数字化能力会大大增强，如图1-1所示。

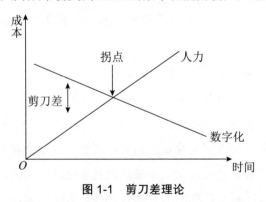

图 1-1　剪刀差理论

因此，企业数字化转型要趁早。只有这样，数字化转型才能尽快帮助企业发展。例如，苏宁的数字化转型成果"数智管理云"产品，是苏宁基于30年企业管理的经验不断实践、探索的结果。

2. 马太效应

马太效应指的是一种强者越强、弱者越弱的现象。在数字化时代，数据成为新的生产要素，与资本、技术、劳动力等一样重要。当企业扩大规模时，数据的规模优势会越发明显。如果企业在发展前期重视使用数据和数字化技术，那么其后期的数字化转型之路会更加顺畅。

无论企业规模大小，增强自身数字化能力都是实现转型的主要方向。如今，数字经济已经悄无声息地融入了我们的生活，但由于各行各业受到的冲击不同，数字化的渗透程度也有所不同。这就导致出现了部分企业尚未开始转型，部分企业就已成功实现数字化转型，并进入了稳步发展阶段的情况。

无论是作为数字化发源地的互联网行业，还是积极进行数字化探索的零售行业，都曾经出现过数字化的大规模爆发。但爆发的时间有先有后，与行业的发展阶段并不完全对标，我们最多根据行业的属性、发展规律、数字经济的影响程度等因素对其进行粗略的预测。

例如，媒体、金融等行业发展较为成熟，且受数字经济的影响较深，最早开始数字化转型；娱乐、零售等行业受到的影响较小，是第二批开始转型的行业；医疗、教育等行业还处于发展阶段，受到的影响也不大，最近才开始转型；建筑、农业等传统行业几乎没有被数字经济影响，进行数字化转型的企业也寥寥无几。

那么，不同行业是否存在最佳的转型时间，我们是否应该在同行业的多数企业都在进行转型时再开始呢？

这两个问题的答案都是否定的。实际上，我们可以将数字化转型简单地视为田径竞赛，先到终点的人就是胜利者，转型成功的企业有更多的机会建立颠覆行业的竞争优势。正因如此，尚未开始数字化转型的企业必须把握这个机会，综合考量自身的数字化实力，立即制定转型方案，加速内部数据的沉淀，尽快部署行动，着手转型。

1.1.5　判断企业的数字化程度

许多企业认为在业务中加入人工智能、数字中台等数字化工具就可以加速自身的数字化转型进程，但实际上，企业的数字化程度不在于这些工具的使用情况，而在于数据发挥的作用。企业可以利用数字化 MAX 成熟度模型判断企业的数字化程度，从而制定最合适的数字化转型方案。该模型将企业分为 6 个级别。

1. 第 0 级

第 0 级企业即没有使用数据分析工具，也没有将数据应用于企业的日常运营工作中的企业。这类企业完全没有认识到数据的重要性，通常由管理层根据经验直接下达决策。

2. 第 1 级

第 1 级企业即主要使用 Excel 进行数据的存储和分析的企业。这类企业进行数据分析的频率较低，处理的数据少且零散，由此得到的分析结果也相对片面，无法为上层决策提供帮助，也无法为企业的数据体系提供支撑。

3. 第 2 级

第 2 级企业即已经建立起专业的数据分析部门的企业。这类企业会使用 BI 分析工具辅助管理层进行决策，数据分析的方法也更具规模、更成体系。但由于 BI 分析工具有技术门槛，其使用者几乎只有技术人员，因此其无法全面覆盖企业的各项业务，也无法实时响应业务人员的需求。

4. 第 3 级

第 3 级企业即可以系统地进行数据应用，利用数据分析的结果支撑自身业务的企业。这类企业已经搭建起较为完善的数据分析体系，组建了专业的数据分析团队，可以为企业解决一些数据问题。但其数据化运营成本过高，因此要想实现全面数据化运营的难度较大。

当企业的数字化水平达到第3级时，需要处理的数据出现大幅增长，对数据进行治理就显得格外重要。数据的整合、维护、业务赋能等环节需要多个部门配合完成，其运作逻辑如图1-2所示。

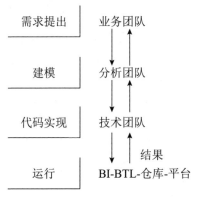

图1-2　数据支撑业务的运作逻辑

我们不难发现，在这个过程中，业务人员只需提出业务需求，模型建立、代码实现、运行检验的过程都需要由技术人员完成，这会严重损耗他们的精力，阻碍产品研发的进程。同时，由于数据分析的结果并未应用于企业的核心业务中，数据的使用程度不深，这也会对企业的数字化转型进程造成阻碍。

5. 第4级

第4级企业即围绕企业的核心业务进行运营，能够利用数据为业务赋能的企业。这类企业通过将自身的数据资产进行沉淀，实现了数据的良性循环，构建了较为完整的数据中台。业务人员可以利用这些数据及工具自主完成80%的业务需求，如图1-3所示。

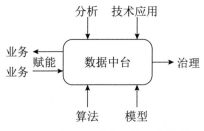

图1-3　数据赋能业务的运作逻辑

数据中台的构建还加快了企业内部的数据、模型、算法等资料的共享进程，极大地提升了数据的传输效率，使得每个部门都可以随时调用需求数据。业务人员可以直接将数据资料上传至 BI 分析工具并获得分析结果，这极大地减轻了技术人员的工作压力，使他们将精力集中于对数据资产的梳理上，从而建立企业的盈利增长点，加速企业的数字化进程。

6. 第 5 级

第 5 级企业即能够利用数据实现业务的创新与变革的企业。这类企业已经实现了数据资产的沉淀，将企业内外部的数据链打通，据此制定先进、完善的数据战略，利用数据驱动自身发展。

企业发展到第 5 级时，便能够将自主研发的算法、模型、程序等转化为自身的数据资产，形成独有的数据生态，使每位员工都可以快速获取需求数据。同时，企业的数据运营思路、数据人才的培训体系也趋于完善，能为企业发展提供源源不断的力量。

我们可以根据这个模型判断企业的数字化水平，了解企业的数字化劣势，明确数字化建设的重点及难点，制定最合适的数字化转型方案，使企业快速实现数字化转型。

1.1.6　场景解读：一家物流公司的新变化

物流行业属于重资产行业，是典型的传统行业。在信息技术高速发展、企业急需数字化转型的大背景下，传统的经营模式已经无法及时满足客户的需求，企业急需利用新技术，加快向数字化商业模式转型的步伐。

某物流公司在经历了一番政策的革新之后，完成了企业的数字化转型。与之前相比，公司在商业决策、运输过程和安全性这 3 个方面发生了新的变化。

（1）在商业决策方面，数字化转型前，公司无法及时掌握市场需求，无法及时对物流运行轨迹进行信息化分析，对于仓库储备也无法做到及时更新优化。公司进行数字化转型后，利用信息技术可以针对用户需求进行智能化分拣，并对物流的运行场景进行精准地分析优化。随着智能仓储的诞生，公司内部可以通过无线物联、室内地图技术实现货物入库、出库的智能管理。

（2）在运输过程方面，在数字化转型之前，公司的物流运输过程不透明，且运输效率较低。而且由于整个物流运输过程环节复杂，运输途中会出现多种不可控因素。但在数字化转型后，智能路线规划软件的应用使运输路径得到进一步优化。在物流运输开始前，系统会专门为车辆制定最优路线，并保持实时更新，使运输车辆避开道路维修、限行、限高及限重路段，进而降低公司的物流运输成本。

（3）在安全性方面，在数字化转型之前，公司的业务数据安全难以得到保障，企业自身的安全系统维护成本较高；另外，随着信息技术的不断更新，公司需要更加专业的技术团队。而在数字化转型之后，公司在安全运输方面的技术得到提升，企业内部可以实时监管物流运输中车辆情况、道路情况以及车辆驾驶人的状态，从而通过数据运算及时发现车辆运输中潜在的危险，做到提前预警，确保物流运输安全。

1.2　企业数字化转型的必要性

新冠肺炎疫情对全球经济产生重大影响，许多线下活动转移到线上，远程办公成为企业的标准工作模式。而这也充分表明，数字化转型将是每一家企业谋求发展的必经之路，只有跟上数字化发展潮流，企业才能拥有更强的应变能力、盈利能力和可持续发展能力。

1.2.1　消费升级倒逼产品转型

随着中国居民可支配收入的提升和数字经济的飞速发展，中国正迎来一个消费升级的时代，而消费升级具体表现在消费理念和消费行为两方面。

（1）在消费理念方面，消费者对产品品质和环保属性等方面有了新的需求，健康、绿色、优质的产品广受消费者欢迎，而质量低、含有有害成分的产品逐渐失去竞争力。另外，消费者开始对有较强精神属性的产品或服务产生需求，他们更加关注身心健康，注重家庭幸福和娱乐享受。对此，会员定制以及小众娱乐产品层出不穷，各品牌开始注重提升产品及服务质量。

例如，某水果公司主动融入当前果业转型升级的趋势中。在种植方面，该公司精心选择在果面、甜度、果实大小和硬度方面均出色的品种进行培育，占据市场优势。在销售方面，其利用当前火热的自媒体平台拓宽水果销售渠道，借助物流行业，全面打开国内市场，并且在安全溯源方面进一步打造品牌知名度，扩大宣传，从而赢得更多消费者的青睐。

（2）在消费行为方面，消费者对与提升生活质量直接相关的产品有了更高的要求，汽车、家装、保健品等中高端产品的需求涨幅最为明显，且一直保持上升态势。另外，从人群分布来看，30～45 岁的消费者尤其喜欢轻奢消费，他们对个人健康、休闲享受、科技生活、个人提升等方面都很重视，愿意为"品质""娱乐""健康""自我提升"等需求付出更高的价格。

例如，随着全球文化多元化的发展，学习外语成为消费者提升自我素质的重要途径。国内某线下英语教学机构在新冠肺炎疫情反复的背景下，积极调整发展策略，促进企业转型，并相继开通了英语角、1V1 互动等线上课程和在线答疑服务平台。

此外，某公司也将之前线下的 VIP 课程转为线上授课，时刻保证学员在线上也可以享有优质的学习体验。在提高线上教学质量方面，该公司会对每一位线上授课老师进行定期的培训，培训内容包括如何指导学员操作授课平台、如何进一步提升教学质量等，培训结束后还会对学员进行考核。另外，该公司同时上线包括语音识别、单词打卡练习在内的多功能学习任务，学员可以通过手机或者电脑在线完成学习任务。这种依据环境变化快速转型的行动力和对于新型教学模式的创造力是该公司得以长久发展下去的关键所在。

消费者需求的改变倒逼企业产品向定制化、高质量方向发展，整体消费结构升级，催生出了许多新的机会。这意味着企业今后要学会创造持续价值，与用户、产品建立起更深层的联系。从消费者角度看，企业需要运用大数据等技术在短时间内获得消费者的需求信息，选择多样化供应商并改造研发、生产、营销等环节，最大程度满足消费者的个性化需求。从企业角度看，消费者是生产的核心，数字化转型是由消费者需求推动的，消费者对产品和服务的个性化需求，构成了企业在行业内的独特优势。因此，企业要构建以客户为中心的数字化转型通道，而且企业的管理者和员工都要拥有数字化思维方式。

1.2.2 从重资产到轻资产

数字技术与实体经济的深度融合，催生了更多元化的商业模式，让传统行业的企业由重资产向轻资产过渡。那么重资产和轻资产分别指的是什么呢？重资产指的是企业拥有的有形资产，如厂房、设备、原材料等，重资产的折旧率高；而轻资产则是指企业的管理流程、经营理念、各类资源、企业的品牌和文化等。

数据资产作为企业重要的新资产，正驱动着商业模式向智能化变革。生产经营活动中产生的各类数据成为价值非凡的新生产要素。这种生产要素具有利于共享、便于流转、智能化等特点。数据的共享把企业运营的每一个点连接起来，不仅加速了各生产要素的流通，降低了生产成本，还开创了新的价值创造模式。企业收集、处理和储存数据等能力都得到了提升，生产和决策也向智能化发展。

数字化转型使企业的生产方式变成以消费者和服务为核心，实现规模化制定、服务化延伸。这样不仅能提高产品质量，还能灵活利用各生产要素来创造价值，促使企业由大规模生产转变为大规模定制，最终促进整个产业结构的升级。在生产方式转变的基础上，企业开始以用户需求为导向，构建以服务为核心的轻资产。

例如，某商业地产公司在之前的发展中沿用重资产模式，商业地产的投资、建设和管理均由该公司完成，该公司通过房地产销售的收入进行商业投资。这种"以售养租"的模式，在宏观政策的影响下已难以继续扩张，所以进行转型成为该公司谋求发展的必由之路。完成轻型后，该公司主推轻资产模式，也就是商业地产的设计、招商、建设和运营系统都由公司内部来做，使用公司自身的产业品牌，但是各部分的投资都是由其他合作企业出，商业地产属于投资方。在这种模式下，该公司不依靠房地产销售收入，而是以租金获得收入，企业的收入日趋平稳。

1.2.3　成本居高不下，市场份额缩小

成本是指在企业生产经营、提供服务的过程中发生的各项直接或间接支出。成本的高低直接影响产品的盈利能力和企业的竞争力，因此控制成本、降低物耗对于企业的发展具有重要意义。而由于自身或外界的不可抗力因素，很多传统企业生产经营过程中的成本居高不下，利润普遍较低，因此需要通过数字化转型达到降本增效的目的。

为防止新冠肺炎疫情反弹，某餐饮公司暂停开放堂食，但却仍要支付店铺租金和人工成本。长此以往，公司损失严重。数字化的商业经营模式为该公司有效降低成本提供了新思路。在餐厅中，智能化的设备可以有效代替人力，达到缩减成本的目的；扫码点餐功能减少了服务员的点餐服务，提高了点餐效率，进一步降低了该公司的运营成本，使该公司实现了数字化经营。

市场份额即市场占有率，反映企业在市场中的地位。占有市场份额越多的企业，其竞争力也越强。而当前传统企业的市场份额在不断降低，行业竞争愈发激烈。其实，企业间的竞争主要围绕产品和消费者这两个方面展开，企业要想有效增加自身在市场上的份额，需要生产出更符合消费者需求的产品。企业可以通过数字化转型改善生产经营过程，降低成本，扩大市场份额。

例如，某外卖公司迎着在线餐饮行业的风向，迅速占领市场。在发展前期，该公司为迅速扩张，大量招募地推人员使业务覆盖多城市。随后该公司成立专送团队，自主研发自动派单系统，有效提高送餐效率。该公司还通过大数据等信息技术来分析消费者的个人喜好，并按照个人习惯为消费者推送产品，为他们提供个性化服务。这有效增强了消费者的黏性，从而进一步抢占市场份

额。此外，除了传统的餐饮、超市服务外，该公司的外卖业务还融入新鲜花卉、生鲜果蔬和旅游咨询等服务。这些服务的加入，进一步拓展了该外卖公司的业务范围，有利于提高该公司在市场中的份额。

1.2.4 产品同质化严重，品牌需扩大差异

在产品同质化越发严重的市场环境下，企业要想长远发展，借助互联网的发展热潮已经是公认的做法。作为品牌差异化竞争的主要措施，产品特色数字化是每家企业在数字化转型的过程中必须夯实的硬实力。

如何破解同质化难题？大多数企业都是从包装、颜值、价格、功能等方面改进优化。而这就导致各企业的产品形态类似、用户群类似、发展目标类似，因此行业中很难出现颠覆整个行业的品牌。对此，企业需要借数字化转型的力量，加速形象渗透，让品牌形象更深入人心。

如果企业实现了品牌形象的数字化，就能在互联网世界中发现、创造需求，实现全网营销。品牌形象是一种能被消费者感知的品牌差异化要素的集合。传统的品牌形象传播，主要以纸媒介为主，包括报纸、平面广告、宣传海报等。虽然电视的普及让广告"动"了起来，但品牌形象依然是利用平面的企业标志和名称来表现的。

随着计算机的普及和应用，网络成了新的传播媒介，品牌形象数字化设计也因此被提上了日程。品牌形象数字化设计包含3大价值维度，即媒介属性、传播环境和受众心理。

1. 媒介属性

在数字时代，传统媒体和数字媒体并存。这要求企业在传播品牌形象时必须对色彩和展现方式有更高的要求，不仅要注重创新，还要保持整体风格一致。

企业应考虑不同传播媒介的特点，并利用其特点合理推广品牌形象。例如，

很多企业都在 B 站设立了账号。B 站具有二次元、动漫、个性化的特点，因此企业在 B 站塑造的形象也要贴合这样的文化特点，打造出一个既符合企业形象又符合 B 站形象的 IP。在 2020 年新冠肺炎疫情防控期间，钉钉为应对恶意差评，在 B 站发布的"鬼畜"求饶视频就遵循了这一原则。

2. 传播环境

媒介数字化造就了数字化的传播环境，在这样的传播环境下，品牌形象要体现出多维性、交互性、表现性。品牌形象不能只是简单的平面符号，它应该是立体的、有声的、有情感的。例如，英特尔公司的广告将声音作为品牌形象，在不断重复后，消费者一听到这个声音马上就能想到英特尔。

另外，不少品牌让虚拟代言人在设备中"活起来"了，消费者可以在使用产品的过程中与其进行简单的交互，从而进一步感知品牌形象。例如，"汤姆猫"互动游戏就是交互体验的代表。虚拟代言人和交互技术结合，让品牌形象宣传贯穿于产品的售前和售后的各个环节中。

3. 受众心理

在数字化的传播环境中，受众对品牌的刺激会有更敏感的反应。当今社会，受众更渴望表达个性，更偏好独立作出判断，更希望与品牌直接沟通。因此，品牌形象在传播时要让受众有更积极的心理体验，同时，还要鼓励其参与到品牌形象的传播中来，让他们觉得自己是品牌的一部分。

例如，微博是品牌形象塑造的重要阵地。品牌在微博中与粉丝互动、回复评论等行为，都可以拉近与受众的距离，让受众感知品牌对其的关心和重视。另外，在互动过程中，企业要注意沟通的语气，遵循品牌形象的定位，打造积极的品牌形象。

数字化转型为品牌形象建设带来了机遇，也带来了挑战。企业要更加关注数字化时代最新的动态和特点，这样才能在数字化时代打造出成功的品牌。

1.2.5 升级供应链，降本增效

目前，我国一众实体企业都面临供应链管理的问题：第一，库存周转率低，各个节点无法独立进行决策；第二，信息透明度低，上游企业与终端用户无法沟通，效率低下；第三，供应链波动频繁，企业供应链柔性化能力差；第四，存在多级经销商导致出现价格混乱、库存规划复杂、运输流程烦琐等问题。

企业进行数字化转型后，供应链也会升级。具体表现为：第一，从以工厂为中心到以消费者为中心，先感知消费者需求，再做产品研发，应需而变；第二，从各节点分散运作到组织间有效协作，及时响应与反馈；第三，从信息化技术运用程度较低到运用大数据分析改善供应链管理环节，提高效率。

2019 年 8 月，阿里巴巴宣布升级供应链平台能力，打造全数字化供应链网络，帮助商家优化供应链管理。供应链网络应用于阿里巴巴旗下 25 个业务板块，服务上万商家，成效颇大。

过去，商家在进行供应链管理决策时没有足够的数据支撑，很难准确把握生产什么商品、生产多少商品、如何分配各地的库存，只能凭着经验摸索，试错成本很高。随着产品流通速度加快，线上线下新零售模式快速发展，仅依靠人力对供应链全局作出准确判断的难度越来越大。因此，进行全链路数字化管理，准确预测消费者需求，准确把握各环节，是企业实现降本增效的当务之急。

对此，阿里巴巴供应链平台就像发号施令的"大脑"，它能准确判断货从哪里来、到哪里去。在"大脑"的指挥下，缺货、滞销、爆仓等问题，都会被解决。阿里巴巴供应链平台通过算法预测近百万家小店的商品销量，将合适的商品投放到各地的菜鸟仓库中，大大减少了库存周转天数，降低了缺货率。

品牌商也同样因此受益。阿里巴巴供应链平台与品牌商深度合作，将物流仓储成本降低了 30%，库存售罄率提升了 11%。

另外，由于商品库存实现了数字化管理，网商银行为小微企业提供贷款的流程也变得更加高效且风险更低了。

对消费者而言，阿里巴巴供应链平台将逐渐对所有行业和商家开放，到那时消费者的需求将更快被满足，下单后"次日达"甚至"小时达"将成为常态。

人类正在迈向万物互联的时代，系统运作将成为提高效率的关键。数字化供应链是企业优化生产流程、降本增效的重要一步，谁能抓住这个新风向，谁就能在未来市场中获得更多的利益。

1.2.6　良品铺子：系统上云，快速响应

良品铺子是一家集食品研发、加工、零售等服务于一体的零食品牌。截至 2020 年末，良品铺子线下门店突破 2700 家，建立线上渠道入口近百个。2021 年，良品铺子入选"2021 年中国新春零食礼包礼盒品牌线上发展排行榜单 TOP10"，名列榜单第 2 位。

在不断发展壮大的过程中，良品铺子也开始了其对于数字化的探索。如何处理重大促销活动期间激增的订单，保证系统平稳运行；如何突破网络壁垒，打造一个全渠道一体化的智能零售平台；如何提升市场对新品的包容度，积极应对瞬息万变的零售市场：这些都是良品铺子在进行数字化转型的过程中不可避免的挑战。

为了解决这些问题，良品铺子和华为云达成了合作，共同打造全渠道零售模式。借助华为云 SAP（System Applications and Products，企业资源管理解决方案），良品铺子将 SAP 开发测试系统迁到华为云上，并成功构建了一体化的零售平台，提升了系统运行的平稳性。华为云扩展的灵活性使良品铺子可以轻松应对百万级别的订单交付工作。

同时，华为云上微服务引擎等 PaaS（Platform as a Service，平台即服务）服务可以实现业务代码的克隆，这也进一步提升了良品铺子的新品研发效率。在此之前，良品铺子进行新品研发前需要花费 3～4 天时间部署产品测试系统；如今，借助代码克隆，良品铺子可以在 1 小时内轻松完成任务。这意味着，除了从容地面对上述的各项挑战外，良品铺子还可以快速响应市场需求，实现精准营销，为用户提供极致的购物体验。

选择华为云是良品铺子对比多家服务商之后的决定，其首席信息官朱淑祥表示："良品选择服务商是非常谨慎的，选择了华为就是看中了华为以客户

为中心的服务理念以及对客户需求的快速响应和解决的能力。良品将 SAP 系统部署在华为云上，通过华为混合云的解决方案能真正满足良品未来业务快速增长的需求。"

对于大多数企业而言，实现数字化转型并不是一件容易的事，但在华为云的技术支持下，良品铺子成功搭建了一体化的零售平台，大大提升了工作效率。这表明，在实现数字化转型的过程中，企业可以与成功的云计算服务商合作，在完成业务数据的迁移后，可伸缩的自适应云服务就可以帮助企业铺设数字化营销渠道，实现营销业务的数字化转型。

第 **2** 章

思维变革：从复制思维到精益思维

很多企业在进行数字化转型时缺少合理的规划，信奉"拿来主义"，认为只要把其他公司成功的转型思路复制过来即可，殊不知数字化转型中不存在"一招鲜，吃遍天"，每个企业都有其特殊性，这种特殊性导致数字化转型的成功经验难以复制。因此，我们在进行数字化转型之前应当先转变思路，从复制思维转向精益思维，根据企业自身的实际情况，由点到面地制定数字化转型转型方案。

2.1 为什么数字化转型成功率如此低

麦肯锡的相关分析报告显示，企业数字化转型的成功率仅为20%。很多企业之所以不能成功进行数字化转型，是因为它们陷入了误区，例如把数字化转型全权交给 IT 部门负责，照搬互联网公司的模式等。这些误区导致企业数字化转型流于形式，不能真正落地。

提到数字化，很多人认为它就等于降本增效。然而这是一种片面认知，数字化转型的目标是重新定义业务，是企业从商业模式到业务流程的颠覆性改变，而不是单纯地通过信息化把业务从线下移到线上。

2.1.1 转型成本预估过高

对转型成本预估过高是很多企业的通病。有的企业管理者对数字化转型的认知不足，在了解到数字化转型所需的资源投入和成本之后，就很快质疑甚至否定，从主观上拖慢了企业数字化转型的进程。

企业数字化转型确实需要付出一定成本，但企业可以选择大刀阔斧地改革也可以选择循序渐进地改革。最关键的是企业管理者要树立数字化转型意识，不能排斥数字化转型。那么，企业应如何用低成本循序渐进地进行数字化转型呢？如图2-1所示。

图 2-1　低成本循序渐进数字化改革

1. 利用"共享"市场信息分析平台

如今，影响消费者购买产品的因素非常多，这要求企业具备强大的信息收集及分析能力。然而搭建信息收集及分析系统在时间、精力、财力方面耗费巨大，只有少数头部企业可以做到。中小企业可以选择与市场信息收集、分析的平台服务商合作，降低自建信息收集及分析系统的成本。

2. SaaS 模式

一般来说，进行数字化转型的企业，都需要一套复杂的系统来完成数据收集、分析以及趋势预测。这套系统从设计到投入使用，最少需要半年时间，而且企业还要留出各个部门适应系统的时间。也就是说，至少需要 1 年时间，才能初步看到系统的成效。

然而市场情况瞬息万变，1 年前的系统可能已经不能满足当下的市场需求了。对此，企业可以使用 SaaS 模式（Software-as-a-service，软件即服务），即企业根据需要，向软件提供商租借网络基础设施，软件、硬件运作平台以及所有的维护服务，从而免去购买软硬件、建设机房以及招聘 IT 人员的费用。企业利用 SaaS 模式，可以快速上线系统，快速使用。这样既避免了系统设计和使用脱节的问题，又能为企业降低数字化转型的成本。

3. 小步快跑

在数字化转型的过程中，很多企业都想一步到位，但这样会让转型成本不断飙升，也会使产出周期长、效能低。资金不足的企业切忌照搬大企业的"最佳实践"，而是要根据自身的实际情况，从最能看到产出的地方开始转型，从点及面，逐步铺开，从而降低转型的风险。

数字化转型不是一蹴而就的，控制好风险和成本，才能未来可期。

2.1.2　缺乏清晰的商业模式

"管理学之父"彼得·德鲁克说过："未来企业之间的竞争，是基于商业模式的竞争。"很多时候，商业模式的好坏直接决定了企业的成败，因此，商业模式创新是数字化转型中的重要一环。要推行数字化转型，很重要的一点就是从业务的角度去描述价值。企业数字化转型不是 IT 部门研发一个软件那么简单，它需要与公司的发展战略对齐，并获得业务端的信任与支持，这样企业数字化转型才能不流于表面。关于商业模式，企业需要明确以下几点。

1. 商业模式不仅是盈利模式

很多人认为商业模式就是盈利模式，实际上盈利模式只是商业模式的一环。虽然盈利模式很重要，但其并不是商业模式的全部。企业不仅要找到赚钱的业务，还要掌握赚钱的逻辑。不同企业的盈利模式可能是一样的，而商业模式却不同。

2. 商业模式重视与利益相关者的关系

好的商业模式会把各个利益相关者都巧妙地联系在一起，平衡各方的利益。如果对某一方明显不利，那么这种商业模式就不会持续。而这种可能存在不利的情况也为商业模式创新提供了机会。例如，360 安全卫士正是基于原有模式的不利点，重新构建了模式中相关利益者的关系，成功推动了企业商业模式的优化。

3. 商业模式给了企业重新审视资产的机会

在如今社会中，企业资产已经不能支撑企业构成竞争壁垒了。现代大部分优秀企业都是轻资产企业，因为一方面固定资产会产生折旧损失；另一方面固定资产会占用很多资源，而实际上企业却不需要那么多固定资产。因此在商业模式设计中，企业可以考虑将固定资产重新整合，给企业减负，以提高经营效率。优秀企业常会思考如何在没有资源的情况下达到目标，这样设计出来的商业模式远比资本推动的商业模式要优秀。

4. 需与竞争对手的商业模式进行比较

企业需要通过与竞争对手的商业模式的比较来评价自身商业模式的好坏。如果一家企业先建立了某个成功的商业模式，那么其他企业模仿成功的概率是非常小的。除非其他企业能找到特别有区分度的定位，否则所取得的成果怎么都不会超过开创这个模式的企业。

5. 商业模式需考虑怎么把消费者纳入系统中

移动互联网时代使得企业与消费者的沟通成本越来越低，这也极大地降低了企业获取消费者认知的成本。因此，一个好的商业模式，需要多考虑与消费者的互动问题，让消费者有持续性的参与感。

2.1.3　缺乏数字化转型专业人才

缺乏数字化转型专业人才也是制约企业实现数字化转型的一个重要问题。是否拥有一个由专业的技术、数据、流程人员组成的团队，是一家企业能否转型成功的关键。虽然通过自我学习和摸索或许企业也能够转型成功，但拥有优秀的专业人才显然会让数字化转型事半功倍。数字化转型需要以下 4 个领域的人才，如图 2-2 所示。

图 2-2　数字化转型人才

1. 技术领域人才

从物联网到人工智能，新兴技术越来越多。虽然这些新技术越来越便于使用，但要将这些技术用于数字化转型、使这些技术适应企业的业务需求，是极其困难的。这时，企业就需要一个有技术能力的人解决这些问题。

2. 数据领域人才

数字化转型对企业的数据分析质量要求很高。很多企业明知这一点，却没有把适当的人才安排在合适的位置，导致大量数据资源浪费。像技术一样，企业也需要在数据方面有广度和深度的人才。数据领域人才要具备牵头制定数据规划及数据管理标准规范、组织开展大数据业务平台规划方案设计、牵头数据治理规划建设等能力，以便帮助企业获得更多正确的数据。

3. 流程领域人才

企业进行数字化转型要有端到端的思维，以过程为导向适应新需求。但流程管理难以与传统的等级观念协调。因此，在数字化转型的过程中，企业需要寻找流程领域人才，改进现有流程并设计新流程，并要有战略意识，知道什么时候要改进流程，什么时候需要再造流程。

4. 变革领导者

在企业数字化转型的团队中，需要有一位变革领导者。他要具备领导能力、团队精神、敢于改革的魄力、高情商，还要精通企业业务，积极而专注地推动企业数字化转型。

2.1.4　照搬其他公司的模式

很多企业认为只要升级硬件、更新系统就能有立竿见影的回报。然而，很多企业却无法依靠新技术真正提升经营水平。这些企业的问题在于：第一，认为变革是一蹴而就的；第二，缺乏对数字化转型的战略思考，在实战中只是"东拼西凑"。

管理者们必须明白，数字化转型不应是锦上添花的工作。数字化转型不能只停留在某个部门，而是要成为企业发展的共识。数字化转型要贯穿整个组织和所有职能部门，并落地到战略制定、组织运行、常规运营等各个环节。

对此，许多企业竞相模仿互联网企业，希望窥得一条数字化转型的捷径。但是，一味地将互联网企业的模式当万能灵药，不思考自身业务的痛点，只能适得其反。另外，盲目投入资金模仿互联网企业的模式，也将影响主营业务的研发。

对于传统企业来说，进行数字化转型不等于抛弃主营业务。盲目跟风，只能自乱阵脚。企业应采取多层次的数字化转型方案，一边运用数字化技术升级现有业务，一边增强投资能力，创造新业务，实现可持续发展。

2.2　价值驱动、持续改善的精益思维

精益思维源于 20 世纪 80 年代丰田发明的精益生产方式，其实质是客户导向思维。它的核心是利用尽可能小的投入获得尽可能大的产出，同时满足客户的各种需求。精益思维可以帮助企业进行高效、持续的改善，从而让数字化转型的模式更符合企业的发展情况。

2.2.1　从以自我为中心到以用户为中心

Tumblr（汤博乐）是全球轻博客网站的始祖。Tumblr 是一种介于传统博客和微博之间的全新媒体形态，既注重表达，又注重社交，而且注重个性化设置，是受年轻人欢迎的社交网站之一。

戴维·卡普刚开始创建 Tumblr 时仅是为了满足个人的需求。当时博客虽然已经成为人们生活中不可或缺的一部分，但是博客的关注点只是文字的编辑，很多用户都无法在博客中满足自身的多种需求。戴维·卡普意识到了这一点。

于是戴维·卡普设想了一种轻博客：用户可以随意排版设计内容，并在其中加入图片、音频等，满足多种创作需求。

戴维·卡普站在大众角度创建了这个以用户为中心的轻博客，在不到 5 年

的时间里，就得到了众多年轻用户的拥戴，成为流行的社交网站之一。戴维·卡普将 Tumblr 之所以会获得成功因归功 Tumblr 具有"更多东西"这个愿景。Tumblr 与博客之间的最大区别是，它不仅有空白的文字编辑框，还加入了多元化要素，如照片、音频和 GIF 动画等。

戴维·卡普表示，Tumblr 还将持续关注用户的体验，推出满足用户的普遍需求和受用户欢迎的功能。

除了 Tumblr 外，YouTube 也积极践行以用户为中心的发展策略。YouTube 之所以能够持续发展到现在并变得如此强大，完全基于用户与产品的融合。YouTube 团队对于产品的发展有过很多想法，但是通常会先让用户去验证这些假设，之后才会进一步决定团队是否应该打造假设的新功能。正如 YouTube 的联合创始人查德·赫利（Chad Hurley）所说："我们对于 YoutTube 这个产品的发展其实有着很多的想法。比如可以效仿 PayPal 和 eBay，我们可以把 YouTube 做成非常强大的视频融入拍卖的方式，但是我们并没有看到我们现在的用户会这样使用我们的产品，所以我们并没有增加这些功能。"

想要生产出受用户欢迎的产品，企业在研发产品时不能盲目地以自我为中心对产品的假设进行肯定，而是需要倾听用户的心声，观察产品是否真正满足用户的需求。实现这一目的的最好方式就是给出几个可行的产品让用户选择最喜爱的产品，再根据用户的反馈对产品做出调整。

亚马逊公司作为美国最大的一家网络电子商务公司，目前已经在全球范围内实现了网上零售。公司的壮大和发展离不开创新，而创新离不开用户反馈的真实信息。亚马逊创始人杰夫·贝索斯（Jeff Bezos）曾说："我们通过用户的反馈进行创新，然后又反过来为我们的用户做贡献。这成为我们进行创新的试金石。"自从亚马逊创建以来，公司一直秉承着用户至上的原则，以用户为中心制造产品。即使亚马逊现在已经成为全球在线零售巨头，发展十分迅猛，也依旧坚持着最初的愿景。

从 Tumblr、YouTube 及亚马逊公司的成功中，我们可以看出，企业不能有火箭发射式思维，陷入自己设计的宏伟蓝图中，而要从实际出发，促使思维方式从以自我为中心向以用户为中心进行转变。

2.2.2　从计划导向到行动导向

爱尔兰女作家玛丽亚·埃奇沃思曾经说过："没有任何一个时刻像现在这样重要，不仅如此，没有现在这一刻，任何时间都不会存在。如果一个人没有趁着热情高昂的时候采取果断的行动，以后他就再也没有实现这些愿望的可能了。所有的希望都会被消磨，都会被淹没在日常生活的琐碎忙碌中，或者会在懒散消沉中消逝。没有任何一种力量或能量不是在现在这一刻发挥着作用。"

精益思维不同于火箭发射式思维，它强调的是行动导向而不是计划导向。精益思维要求企业要不断地将产品投放到市场中进行科学试错，由此获得认知。这种从行动中获得认知的方式是研发产品的第一个循环。然后根据获得的反馈信息对产品进行调整，将获取的认知转化为行动的环节，是研发产品的第二个循环。不断地重复这样的循环，不但会让设计者在认知上不断更迭，还会让企业在行动中不断调整。这种行动导向的精益原则被很多大型公司利用，并且达到了超出理想的效果。

菲尔·奈特是耐克公司的董事长兼总裁，有着"神话创始人"的称号。菲尔·奈特在斯坦福大学深造时，一次创业课改变了他的人生。那天，教授费兰克·莎伦伯格给学生们布置了这样一个作业：把自己当作一个创业人，创办一家属于自己的公司，并且把创造公司的未来目标和营销计划写下来。当时奈特在论文中提到，德国设计的阿迪达斯运动鞋是目前质量最好、最为轻巧、对运动员来说最为合适不过的运动鞋了，可是价格却比较昂贵，如果设计出高质量、价格又便宜的运动鞋，想要打败领先市场的阿迪达斯运动鞋不是没有可能。

正是因为这节创业课，奈特有了日后耐克公司的初步构思。在确定了自己的目标后，奈特就开始周游世界，探寻市场价值。在日本期间，奈特发现了一个与阿迪达斯很像的运动鞋品牌——老虎。这个品牌的运动鞋的设计，给奈特创建耐克品牌带来了灵感。而且奈特观察市场发现，与知名品牌运动鞋相似的产品都有着无限商机。

奈特返回美国后，立刻将这一大胆的想法透露给了自己的创业伙伴鲍尔曼，在鲍尔曼的支持下，两人成立了蓝带运动公司。创立公司之后，奈特白天做会计师的工作，晚上还要为设计产品寻找思路，这让奈特深感疲惫。在一次机缘巧合下，奈特又结识了杰夫·约翰逊，相同的爱好让两人一拍即合。随后，约翰逊负责公司的营销、登记、发货等工作，公司的销售额突飞猛进。随着公司规模的不断壮大，奈特开始筹划自己的品牌，为自己的产品设计了一个新名字，那就是"耐克"。

奈特的成功告诉我们，不要把自己的完美计划看成天真的现实，任何完美计划运用到现实生活中都可能会发生变故。如果有了想法就要大胆地去尝试，不要用一本厚厚的计划书将热情消磨殆尽。现在有的公司把数字化转型作为战略计划很多年，却总想着等到全部计划完善了再展开行动，这可能导致公司永远无法迈出转型的第一步。计划永远不会有尽善尽美的时候，如果企业有了转型的想法，哪怕只能走一小步，也要积极展开行动。只有脚踏实地地一步一步落实计划，才能实现更大的目标。

2.2.3　从系统思维到单点突破

在威普旺（Webvan）破产后的第 7 年，亚马逊开始静悄悄地进入在线生鲜杂货这个领域。当时，亚马逊的规模相当巨大，在在线零售领域占据领先地位。巨大的规模使其完全可以像 Webvan 一样快速地复制产品，大规模地创建仓库和铺设网络，但是亚马逊并没有这么做，而是从 Webvan 的失败中吸取了很多教训，走了一条与其截然相反的道路。

亚马逊做出的第一步是从西雅图这个科技快速发展、生活方式发生巨大改变的城市切入，进入生鲜杂货行业。

为了减轻货物配送压力，亚马逊并没有覆盖西雅图整个城市，垄断其所有传统生鲜杂货零售商的经营，而是仅覆盖了密度最高的几个高端居住区，作为进入生鲜杂货行业的开端。

亚马逊在 5 年的时间里不断地在西雅图测试生鲜零售的商业模型，多次测试和调整后，效果非常理想。于是亚马逊开始选择洛杉矶作为第二个切入点。

洛杉矶很发达，人们的接受程度也很高，因此采取与切入西雅图同样的方式切入更容易成功。

这里需要特别注意两个方面：一方面，亚马逊采取单点突破的思维来测试一项新项目，在选择覆盖的地区时，选择那些具有高密度的高端人群地区；另一方面，新项目的测试并不是针对所有的用户。亚马逊为了寻找用户痛点，采取缴纳年费的方式来过滤天使用户。天使用户对产品和服务的要求都是极高的，但是他们有着很高的黏性。亚马逊为了检测自己的新项目是否能够在市场中顺利推广，选择天使用户进行验证和测试，这才造就了亚马逊后期的成功。

猎豹移动 CEO 傅盛曾在"颠覆式创新"的分享发布会上提到了自己对于精益思维中的"单点突破"的看法，如图 2-3 所示。

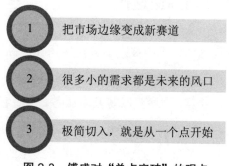

图 2-3　傅盛对"单点突破"的观点

1. 把市场边缘变成新赛道

产品进入市场的最好方法就是从边缘切入，一步一步地攻入内部，在其他人还没有察觉的情况下，自己先在市场中打下基础。

2. 很多小的需求都是未来的风口

从古至今，很多变革都源自一些微小、不易察觉的需求。例如，在手机还未普及的年代，手机只是一些商务人士的必需品。但随着移动互联网的发展，人们对社交的要求逐渐提高，手机就变成每个人的必需品。

3. 极简切入，就是从一个点开始

创建微信红包的团队成员只有十几位。微信红包不过是微信中的一个功能而已，但是就是这样一个小功能却打破了阿里巴巴在移动支付领域的布局，成功为微信带来了大量的用户。可见，在如今这个时代，一个好的破局点就可能改变整个行业的风向。

从亚马逊的案例中，我们可以得知，亚马逊在火箭发射式的系统思维中吸取教训，借鉴精益思维，根据"单点突破"的精益原则寻求用户痛点，对新项目进行及时地测试和调整。甚至在单点突破时，采用聚焦天使用户的方式，根据天使用户的反馈改进项目中存在的问题，从而提高项目的需求度。

2.2.4 从完美主义到高速迭代

在互联网时代，优化迭代思维被众多公司应用在产品开发当中。

在最初的时候，亚马逊"AWS（Amazon Web Service，亚马逊云服务）"仅可以为用户提供一些计算、网络互联等基本服务，但随着互联网的飞速发展，移动信息的千变万化，用户的需求也在不断地增加，亚马逊公司便开始投入大量的人力、物力，对云服务进行迭代开发。仅用了一年的时间，云服务便增加了280个新功能，满足了用户的多元化需求。

我们再来看一下谷歌的产品优化迭代之路。谷歌对安卓系统的升级并没有采取传统意义上的"闭门造车"模式，而是使用了迭代策略，根据用户的反馈信息寻找用户需求，再根据用户需求不断升级产品。谷歌秉持着开放的心态与用户进行及时互动，在产品的每个迭代周期内，都会把用户的意见和建议纳入到产品开发中，对产品进行创意改良。这样的开发模式对公司有两方面的帮助：第一，公司能够时刻掌握用户的需求，从而在开发产品的过程中可以少出现错误；第二，产品与用户有了情感连接，可以提高用户对产品的忠诚度。

传统的产品生产模式看上去很完美，但产品要经过调研、设计、研发等环节，等到产品十分完善后再投入到市场中。实际上，这种模式存在着诸多缺陷，

如周期长、效率低、成功率低等。

在如今这个用户需求多元化及用户对产品的功能、质量都要求过高的时代，传统的产品生产模式已经逐渐落伍，优化迭代思维已经将其替代。优化迭代思维能够顺应时代的要求，把产品的整个研发过程分开，在每一个阶段都会检查产品的质量，对产品进行优化。并在每一个阶段快要结束时，对产品的问题进行重新评估，在下一个阶段中解决掉重新评估出来的新问题。

微信和小米手机的操作系统就是在不断地优化迭代下逐渐完善的。经过不断地优化迭代，微信从最初的简单聊天工具，变成集通信、社交、商务、金融于一体的平台，被国内众多用户接受和认可。小米在多年的长跑中，不断地优化系统，更新升级，至今已经拥有了几千万的忠实用户。

类似于亚马逊 AWS、谷歌、微信及小米手机这样的迭代优化案例还有许多。它们的共同之处在于：与传统产品生产模式追求的"完美主义""一鸣惊人"大不相同；采取优化迭代思维研发产品，不断地发现问题、解决问题；循序渐进，在最短的时间内快速改进创新成果，大大提高产品生产的效率。

快节奏的生活使得人们提高了对效率的要求，优化迭代思维则满足了人们的这种要求。在速度方面，优化迭代无疑可以更快地对产品进行高速迭代，使产品快速获得广大用户的青睐。另外，优化迭代遵循"将产品投放市场—寻找用户需求—调整完善产品—再次投放产品"的循环过程，这一循环过程使企业与用户有了更加深入、及时的互动。

看重速度、坚持对产品进行优化、强调用户需求的优化迭代思维，表面上看似在不断地重复一种模式，实则并不是单纯地复制粘贴。这种循序渐进的方式实际上是一种螺旋式的上升。

任何成功都是从细微之处做起的，产品创新的成功不在于产品的"一鸣惊人""一飞冲天"，而在于让产品不断优化迭代，更贴合用户需求和时代变化。对于企业来说，在当前技术更新快、用户需求多样化的大背景下，优化迭代思维是数字化转型必须具备的思维。只有时刻观察用户的需求变化，不断地对产品进行优化，产品才能始终在市场中占据一席之地。

2.2.5　从理性预测到科学试错

如果想在产品功能中增加一项在线预订功能，你会怎么做？大众点评做出的第一步是在浏览页面给自己平台上的商家头图上打上"预订"标识，如果用户想要预订这个商家的产品，点击商家的头图就可进入商家的详情页面，此时，用户就会收到一个"此项功能正在开发，请稍事等候"的提示。这个简单的测试，让大众点评获取了大量的点击量数据。这些点击量数据验证了用户对"预订"这项功能的需求度比较高。

接下来，大众点评做了第二个测试：对于用户通过点击"预订"标识下的订单，呼叫中心的客服工作人员通过电话和商家进行确认，然后将预订是否成功的结果反馈给用户，使整个"预订"环节形成了闭环。通过两次测试，大众点评了解到很多用户对"在线预订"业务十分需要，这也就说明，设计的解决方案在市场上是行得通的。

大众点评在测试过程中也在不断地发现问题，例如用人工处理订单不但成本过高，而且效率十分低下。对此，大众点评希望通过研发一套语音预订系统来实现自由预订，但是系统的研发成本是不可预估的。

为了使系统研发成功的概率增大，大众点评寻求了专业人士的帮助。大众点评与天润融通达成合作后，经过商谈，最终确定的解决方案是把天润融通的云呼叫中心平台与大众点评的网站、用户端对接。当用户点击某个商家的"预订"标识后，云呼叫中心平台就会收到信息，自动联系此商家，此商家只需要点击相应按键就可以决定是否接单。商家点击按键后，云呼叫中心平台会将预订是否成功的结果反馈给用户。

这种解决方案不需要任何工作人员参与，而且速度快、效率高、成本低。此方案的推出，大大推动了大众点评"在线预订"业务的研发进程。大众点评也通过此次的成功转型，开启了在O2O（Online to Offline，线上到线下）领域的新纪元。

大众点评对自己假设的产品不断地进行测试，最终确定了产品在市场上是否行得通。这种小步快跑的方式，在很大程度上节约了公司的成本和时间，为公司的顺利发展奠定了良好的基础。

想要知道变革的道路是否可行，企业就要对产品不断测试、验证。企业可以先按照假设设计出最小可行产品，突出产品的核心功能。然后通过科学试错的方法，不断地对产品进行测试，寻求解决方案。科学试错是推动企业在数字化转型中进行创新变革的最有效方法。

2.3　精益思维下，数字化转型"转"什么

在精益思维的指导下，企业的数字化转型的目标是降低成本，通过数字化生产为客户提供个性化服务，满足客户需求，最终获得高回报。企业的数字化转型是全方位、多层次的，它不是既定的结果，也不是单一的方法，而是一种渗透在企业中的理念。

2.3.1　"转"战略："线上＋线下"一体化运营

企业的数字化转型牵一发而动全身，它打通企业的全域系统、流程，实现企业的整体优化。数字化转型要求企业集中整合过往数据，深入挖掘企业数据资产价值。企业要先转变战略理念，打好战略基础，为数字化转型后续工作指引方向。

下面以 A 企业为例对数字化转型中转"战略"进行说明。

A 企业依靠早年市场的快速扩张，曾一度成为行业内的领头羊。A 企业的经营战略是主打线下高端实体经营，其线下经营模式广受客户欢迎。但随着时代的发展，客户的消费需求和消费行为也有了很大的改变，线下经营的模式不再受消费者欢迎。A 企业早年的业态定位较为单调，导致 A 企业线下经营模式利润微薄，业绩连年亏损。

A企业逐渐意识到，互联网时代的市场竞争异常激烈，企业稍有不慎就会被淘汰。而由于消费群体、市场需求的变化，传统的线下经营模式已经不能顺应时代发展潮流。挑战和机遇往往相伴而来，互联网的发展和科技的进步，带给A企业另一种可能——线上经营与线下经营相结合。A企业开始积极探求新的出路，希望通过调整自身单调的业态定位，转变主打线下高端实体经营的模式，以线上经营为主、线下经营为辅，带给客户不一样的消费体验。

A企业与某互联网公司联手开发了一个数字化平台，通过大数据技术集中整合A企业线下实体门店的数据，进一步完善A企业原有的产品供应链，打造"人、货、场"数字化、一体化的线上经营模式。该平台利用底层数字化技术为A企业赋能，使A企业的服务能力与运营能力得到提高。A企业趁势推出新的产品功能，通过AR、VR、3D立体展示等方法，为客户提供数字化的交互方式。线上的数字化平台和线下产品的试用，使客户获得了"线上＋线下"的一体化服务体验。

A企业的经营战略转型很成功。客户通过A企业的数字化平台挑选产品后可以直接下单，也可以在线下试用产品后再在线上下单购买。依托"线上＋线下"一体化的经营战略，在2021年新冠肺炎疫情防控期间，A企业的销售额只增不降，其主推的一款产品的销售额增长了200%，有46%的新客户来自线上。在2021年"双11购物狂欢节"期间，A企业的订单同比增加8倍。

截至2021年12月，A企业的"线上＋线下"一体化经营战略已经拓展到多种场景，许多品牌都与A企业展开合作，将自家产品发布到A企业的数字化平台上。除了一、二线城市的客户外，三、四线城市的客户也可以通过A企业的数字化平台挑选各种线下不常见的产品。

A企业数字化平台负责人认为，打造数字化平台的目的有两个：一个是A企业可以开拓更广阔的市场，抢夺更多客户；另一个是帮助更多品牌方进入三、四线城市的市场中，使它们与A企业实现共赢。不难看出，在互联网时代，传统企业必须要做出改变，但数字化战略转型也绝非简单调整企业经营战略那么简单，而是一场"人、货、场"全面升级的数字化变革。

2.3.2 "转"生产：大规模定制化柔性生产

企业数字化转型，最重要的是转变生产方式，否则即使运营、销售等模式转变了，也无济于事。

随着信息技术的高速发展，很多企业都面临着经营环境不断变化的挑战。面对市场需求多样化、市场竞争白热化、产品质量与价格不匹配等问题，传统生产方式面临巨大的市场冲击。目前客户的需求越来越趋向定制化、个性化，但传统生产方式生产的产品同质性很强，这导致产品库存增加，企业亏损严重。如果企业想要在残酷的竞争中谋求新的出路，就必须找到一套低成本并且能够对市场变化做出快速反应的生产方式。

例如，A 企业在早年数字化转型过程中曾面临市场冲击下的生产危机。客户需要非同质化的产品，需要个性化的产品与服务，但是 A 企业的生产线较为传统，所生产的产品质量虽然较好，但与市场上的其他竞品相比，并没有太大的区别。

而且由于 A 企业生产各环节缺少查询信息的共享机制，因此各环节的数据信息传输不顺畅，这导致企业内部供销数据无法同步，产品供需脱节。同时，A 企业定制的产品不能快速响应市场和客户需求，导致成本过高。互联网时代的市场处于不断变化之中，客户群体的年轻化也带来更多的要求，A 企业需要借助互联网大数据的力量，进行产品生产方式迭代，实现大规模定制化柔性生产。

面对行业需求的升级和竞争格局的变化，A 企业选择将生产模式由单纯地生产管理，转向对接渠道、贴近市场的柔性管理。

打造柔性供应链是 A 企业在数字化转型的大环境下寻找到的新出路。在产品迭代速度加快的当下，先进行小批量生产，测试市场反应，再根据反馈对产品进行改进成为 A 企业降本增效的有效措施。但产品的小批量试销，需要整个产业链的共同配合。因此，这对企业的组织调配能力提出了更高的标准和要求。

A 企业聚集力量，通过对产业链的开放整合，实现资源、经验、能力和利益的同享。随着消费结构的不断升级，A 企业也在不断对产品进行迭代优化，让传统的企业更加时尚化、年轻化，提升客户黏性，避免老客户流失。

此外，A 企业在打造柔性供应链的同时，对产品原料严格筛选，升级产品包装，全方位提升产品质量，使产品更加符合客户个性化的需求。其中一款产品自上市以来，历经 3 次全方位升级，紧跟客户需求，销量颇佳。

数字化转型生产方式可以系统性地打通原料溯源、产业链协同、渠道营销等环节的信息壁垒，降低生产成本。同时，柔性生产链使产品库存量最小化，降低企业风险，增强产品市场竞争力。生产方式的转型从根本上奠定了企业数字化转型的基础。

2.3.3 "转"需求：数据中台玩转 IP 联名

精益思维下的企业数字化转型对于客户和市场的需求响应得十分积极。客户需要什么，市场欢迎什么，企业生产什么。不再像传统企业那样，既不关注客户的需求，也不关注市场的饱和情况。数字化生产将客户需求放在首位，以需求为导向进行生产作业，这是数字化生产的核心。

A 企业的产品最初都是由企业团队自行设计。在互联网时代之前，由于市场上的产品种类较少，客户的需求受限于当时的消费观念与水平，只注重产品的质量，因此 A 企业的产品销量可观。但随着生活水平的提高，人们的思想水平随着教育水平的提高在不断地发生变化，客户不再仅着眼于产品质量，还更加关注功能、时尚、价值等方面。另外，由于客户群体的消费水平和观念不同，A 企业需要满足各个阶层的客户的需求。

为了能在市场中脱颖而出，A 企业调整经营战略，通过数字化生产线不断推出符合当代客户品味的新产品。一直以来，A 企业都在不断寻求自我突破，其中的一个表现就是与知名 IP 联名。产品与 IP 联名能够引起客户的共鸣，实现消费群体的延伸和拓展，从而达到产品销量剧增的效果。当然并不是随意找大 IP 联名，企业需要了解目标客户消费习惯以及兴趣爱好，据此寻找大 IP。

A 企业将数字化平台中的客户数据集中起来，反馈到某互联网公司的云数据中台，并通过大数据分析得出了线上市场的客户大多是"80 后""90 后"的结论。而进一步分析的结果显示，这些人对于动漫、二次元等领域相当感兴趣，并乐意为其埋单。

最终 A 企业决定选用"哆啦 A 梦"作为联名 IP。"哆啦 A 梦"原型来自同名漫画，漫画改编的动画于 1991 年被正式引进中国，其观众群体主要集中在 20 岁到 29 岁之间。现在的"80 后""90 后"是其主要的受众群体。如今，已成年的他们是消费群体中的主力军，也正是 A 企业线上市场的核心消费群体。因此，A 企业为了牢牢抓住这一批消费主力军，借助客户需求数字化转型这一方案，推出了与"哆啦 A 梦"的联名产品。产品上线第一天就被抢购一空。

某互联网公司云数据平台的数据显示，相比于年长的客户更在意产品品质，年轻的客户更多关注的是产品的个性和趣味性。尤其是"Z 世代"（指1995 年至 2009 年出生的一代人），这是各个行业必争的客户群体。对于企业而言，客户的年轻化意味着产品要面临更多的挑战，年轻的客户不再满足于简单的品质需求，他们需要更多可以彰显个性与身份的产品。在竞争加剧的背景下，企业需要提前洞察客户需求。

A 企业通过某互联网公司的云数据中台找准目标客户，实现精准 IP 联名，成功实现以客户需求为导向的数字化转型。大数据的运用，能够帮助企业进行多系统数据的整合和规范，而这也是企业人员全力配合和业务高效开展的基础。

2.3.4　"转"业务：用技术优化业务精准度

业务流程是否通畅是一个企业能否在市场立足的关键之一。在万物皆可数字化的今天，能否跟上时代，用数字化技术优化企业的业务，成为影响企业能否顺利转型的一个重要因素。实际上，业务流程的失败有诸多原因，例如高层决策失误、计划不当等。但如今的企业不可以再继续走传统的失败后反思溯源的道路，它们需要快速地实现业务转型，这样才能够在市场中保持足够的竞争力，不会被客户遗忘。

当今时代是大数据时代，各种互联网信息的冲击使客户行为的变化速度加快，客户需求的改变可能只在朝夕之间。高速的科技发展使得企业必须寻找新的方法来应对挑战，而且业务转型的速度要跟上客户的需求与期望变化的速度。此外，企业要有承担失败后果的能力，能够快速从失败中吸取教训，走出失败，再次应对挑战。

A 企业在战略、生产等方面实施一系列数字化转型举措，使得其曾一度成为行业内的龙头企业，但与此同时，整个行业也进入了高速发展的时期。随着行业内其他企业相继在战略、生产方面进行数字化转型，A 企业的业绩再次受到影响。

A 企业开始寻找业务流程上存在的问题，最终发现，在与某互联网公司联手打造的数字化平台上，其原有的依靠数学模型的客户数据分析方法已经落伍，导致企业对客户需求的变化并不敏感。而"ABCD"（人工智能 AI、区块链 Blockchain、云计算 Cloud、大数据 Big Data）等技术带来的计算方法，可以将客户数据标签化，使企业更精准地识别客户的需求变化。但单纯地对数字化平台进行升级，并没有从根本上起到作用，因为技术并不会帮助企业直接卖出产品、提高业绩。

A 企业吸取了失败的教训，开始在业务流程方面进行数字化转型。A 企业的负责人认为，不能遇到一个问题，就引入一套新工具。因为工具不能直接转变业务流程，不能直接让企业明白谁才是目标客户，并不会从根本上解决问题，工具所起的不过是辅助作用。

A 企业重点培养了一批熟练使用数字化平台的员工，并调整了数字化平台的相关岗位，使业务流程与升级后的数字化平台更加契合。这样一来，业务流程的数字化转型得到了巩固。经过培训和岗位调整后的相关人员，可以第一时间掌握用户画像，并从企业角度对其进行深度分析，而不必等待某互联网公司的分析反馈。这样就不会延误业务开展时机。

同时为了更好地服务客户，A 企业选择和某互联网公司的云平台进行深度合作，基于某互联网公司的云平台先进的开放技术和良好的生态建设能力，A 企业的数字化平台有了继续优化的基础和可能。用数字化的技术持续为企业的发展提供保障与支持，也是 A 企业进行数字化转型的意义之一。

2.3.5　"转"服务：人工智能客服中心

大数据时代，企业之间的竞争不仅存在于产品质量方面，还存在于服务质量方面。谁能为客户提供更全面、更专业的服务，谁就能在市场中抢占先机。企业服务的对象是客户，企业要以人为本，不仅要让客户了解、购买产品，还要给客户提供与众不同的服务，让客户由衷地认可企业，获得心灵上的满足。

面对产品日趋同质化、客户需求多变、市场竞争激烈等诸多挑战，企业需要另辟蹊径，吸引客户的关注，在维护好老客户的同时，吸引更多的新客户。而好的服务可以让客户产生复购的欲望。对于传统的企业而言，服务的转型意味着企业需要重新思考如何为客户创造具有强烈吸引力的价值。此外，服务的转型表示企业的盈利模式将从短线变为长线，客户的消费行为由一次性购买变为多次购买。因此，企业要为客户提供贯穿整个产品生命周期的长期服务。

A 企业在对数字化平台的业务流程进行数字化转型之后，意识到企业与客户的关系应当是双向互动的，而非简单地通过客户画像和客户标签单向地向客户输出产品内容。例行公事效率固然高，但是缺少人情味，客户的购买体验会大打折扣。

A 企业最初的数字化平台中有一批人工客服，客户通过平台与人工客服进行语音或文字沟通，效率低下。因此，A 企业决定优化原有的客服中心，对其进行数字化转型，开通微信公众号客服等线上服务渠道，并引进了虚拟客服。A 企业希望通过多渠道的客户服务，维护客户的购买意愿。此举取得了一定的效果，但是并未达到最初的预期。原因是客户服务对于人工客服的数量、质量的要求都较高，人工客服在前期需要经过大量的培训才可上岗，而且人工客服无法做到 24 小时全天候待命，客服工作本身又较为枯燥，因此员工流失率很高。而虚拟客服虽然可以 24 小时为客户提供服务，但其业务能力并不高，客户需求多变，它并不能很好地为客户提供服务。为了解决这个问题，A 企业决定将普通的虚拟客服升级为人工智能客服。

A 企业利用某互联网公司先进的互联网技术对客服中心进行全面的转型升

级。它针对客户最关注的疑点、难点问题，利用 ASR（语音识别技术）和 NLP（自然语言理解技术）等技术，制订了人工 AI 客服服务系统计划：基于某互联网公司研发的尖端人工智能技术，通过语音问答、文字回复等多种方式对客户提出的业务方面的各种问题进行解答。这样不仅降低了企业对人工客服的依赖，减少了投入成本，还让客户有了更新奇、更贴心的体验。根据 A 企业统计的数据，在客服服务系统中，客户使用人工智能自助服务占比相当高，相比于人工客服，客户更青睐可以随时帮助他们解决问题的人工智能客服。

此外，A 企业设立的客服中心还利用人工智能的学习机制创建了多种可交互场景，针对不同种类的产品设置了多种解答模式。不仅如此，客服中心还利用人工智能的大数据库，辅助人工客服为客户进行服务。对于客户提出的问题，数据库会自动给出答案，人工客服可以参考这一答案给客户回复，这样不仅提高了人工客服的服务效率，还规范了人工客服的服务用语。

基于人工智能技术的支持，A 企业得以实现建设健全、完备的客服中心的设想，而这也推动着 A 企业在数字化转型的道路上越走越稳、越走越远。

2.3.6　"转"组织：组织精细化管理实现全生命周期管理

一个企业要想进行数字化转型，首先要有一个目标统一、便于管理的团队组织。而传统企业的团队组织往往人员繁多、层级冗杂，部门与部门之间的沟通存在障碍。例如，客户周一向客服部门反映的问题可能周五才会被传达给售后部门。这大大影响了企业运转的效率，也拉低了企业在客户心中的口碑。

而 A 企业作为行业内数字化转型的代表，在进行一系列战略、生产、业务等方面的数字化转型之后，毅然决然地克服了重重难关，实现了组织精细化管理的转型。

在过去，A 企业在产品生产与销售过程中存在着环节不公开、不透明的问题，导致企业部门之间存在着信息壁垒，例如研发部门不清楚产品的具体销售情况，销售部门不知道产品的生产情况。这导致 A 企业的整个业务流程并不通畅。而且 A 企业体量庞大，拥有多家分公司和代理商，管理人员和部门员工众多，管理层的指令从下达到被执行的周期较长。

A 企业使用某互联网公司的云平台旗下的低代码平台，开发了一套结合了钉钉、微信等 App 的组织管理系统。根据项目负责人介绍，通过构建智慧管理项目平台，企业能够将员工打卡、物料采购管理、物联网系统和日常办公等场景有机集合在一起，实现了组织管理的数字化转型，实现了人员与施工过程精细化监控管理。作为一个发展成熟的企业，A 企业需要高长型、标准化、集权化的组织架构，同时，员工要充分参与到组织的发展中，为企业的发展提供源源不断的动力。

在采用新型的智慧管理项目平台之后，A 企业外派的工作人员可以通过微信小程序或者钉钉进行实时实地打卡，通过定位和人脸识别功能可以实现自动生成工作轨迹和日志，记录工作内容和结果，并自动上传。管理人员可以在后台实时掌握外派人员的工作情况，通过日志情况和移动考勤记录，确认员工的工作质量。

管理人员和员工在平台上可以建立部门群聊或者跨部门群组，打破原有的信息壁垒，使信息可以快速、及时地传达到相关部门。同时，由于有了更直接的沟通渠道，员工会感受到组织对个人的信任，向上级反馈问题的积极性也会更高。

组织的数字化转型使得企业的组织架构更精简、更稳定，确保企业在互联网时代可以平稳运转。

2.3.7　"转"文化：企业文化的数字化转型

企业文化位于企业建设的金字塔顶层，它是一个团队在工作中形成的不成文的理念和处事方式，在一定程度上决定着企业的战略方向。因此企业若想进行数字化转型，转变企业文化是必不可少的环节。

企业文化为员工提供行动方针，促进企业目标的实现。企业要想成功实现数字化转型，就一定要重塑合适的企业文化。那些转型成功的数字化企业的文化氛围通常是更包容、更开放、更以人为本的，这有利于企业吸引人才、推动创新。相关研究报告显示，60% 的企业对其企业文化没有任何转型计划，因此企业很难在 IT 和业务之间实现强有力的一致性。只在生产和业务流程等方面进行数字化转型的企业，只有 17% 的企业的业绩有所提高。而在进行企业文化数字化转型的企业中，90% 的企业都取得了很好的业绩。

A 企业的管理层认为，若想成为互联网时代的数字化企业，首先应该有开放、包容、以人为本的企业文化。因此 A 企业与某互联网公司携手打造的数字化平台以及研发的数字化技术，不仅是为了用新的方式去占领市场，获取更高的利润，更是为了建立一套全新的企业文化价值理念，从根本上实现数字化转型。

A 企业下放了管理层的部分权力，减少对员工的控制，鼓励员工与客户之间进行友好互动。此外，A 企业奉行大胆与谨慎并存的企业文化理念，希望培养出专注于行动，而不是侧重于计划的员工。同时，A 企业有意培养一个协作的工作空间，通过团建、部门合作等方式，培养员工团结合作的精神。

A 企业在数字化转型的过程中，结合互联网行业企业的文化理念，打造开放、个性化的企业文化氛围，摆脱千篇一律的"经济人"理念，构建良好轻松的企业生态环境。企业文化的作用在于对员工进行凝聚、约束、激励和辐射，最终目标是优化企业的管理经营战略。因此，企业文化建设必须围绕实现数字化转型这一目标进行。

第 **3** 章

战略创新：做好转型的蓝图规划

信息技术对传统企业产业链的发展有着重要影响，能够促使传统企业进行数字化转型。而在转型过程中，制定企业战略尤为重要。下面将从企业商业模型和商业模式入手，并结合具体案例，解读企业数字化转型的蓝图规划。

3.1 构建可视化的商业模式

构建新的商业模式的首要任务是将脑海中模糊的想法变成可视化的商业模型，以便于梳理出更加清晰的经营思路。商业模式的核心在于企业为用户提供的价值，如果一个企业不清楚其自身的价值内涵，是无法建立优秀的商业模式的。

3.1.1 明确用户市场在哪里

在互联网时代，用户从散点形态演变为部落化形态。企业设计商业模式的出发点，在于明确用户群。没有哪家企业可以服务所有用户，也没有哪家企业可以为用户提供所有产品和服务。企业在关注产品本身的同时，还应及时挖掘用户需求，做好用户市场定位。

企业在设计商业模式时要明确自己的用户市场在哪里。下面是一些常见的用户市场类型。

1. 大众市场

在这个市场中，用户具有大致相同的需求和问题，企业不需要将用户进行细分，只用考虑大多数用户的需求即可。

2. 利基市场

利基市场中的用户属于特定的细分用户群体，他们的需求明确且小众，企业需要专精于某一领域，并且做到足够专业。

3. 区隔化市场

区隔化市场的用户与大众市场的用户略有不同，但又不算小众。例如，瑞士信贷的银行零售业务，就为拥有 10 万美元资产的用户和拥有超过 50 万美元资产的用户设计了不同的服务内容。

4. 多边市场

多边市场一般有两个或多个相互依赖的用户群体。例如，信用卡公司需要大量的信用卡持有者，也需要大量可以受理信用卡的商家，而信用卡公司就需要同时为这两个用户群体服务。

3.1.2　商业模式画布：从 0 开始梳理商业模式

在公司经营的过程中，灵感和创意并不值钱，真正值钱的是能落地的商业模式。商业模式是企业间、企业部门间或企业与用户间的各类交易关系。

成功的商业模式具有 3 个特征。

（1）提供独特价值。这一独特价值往往是产品和服务独特性的组合。具体表现为向用户提供额外的价值、使用户用更低的价格获得同样的利益以及用同样的价格获得更多的利益。

（2）形成企业独特的商业模式。企业不能简单地复刻其他企业的商业模式，只有形成企业自身独特的优势，才能保障利润来源。例如，直销模式是戴尔公司的商业模式，很多企业都明白直销的含义，却很难像戴尔公司一样获得成功。这源于戴尔公司的直销模式背后有一套完整的、难以复制的运营流程。

（3）做到量入为出、收支平衡。企业需要时刻保持清醒，关注自身处境，深刻理解自身收支情况，并坚持量入为出原则，避免出现过度消费、入不敷出等现象。

如何梳理自己的商业模式？《商业模式新生代》的作者亚历山大·奥斯特瓦德认为，完整的商业模式包括 4 个视角和 9 个板块。为此，他提出了商业模式画布的概念。

下面用商业模式画布来梳理一个商业模式，如图 3-1 所示。

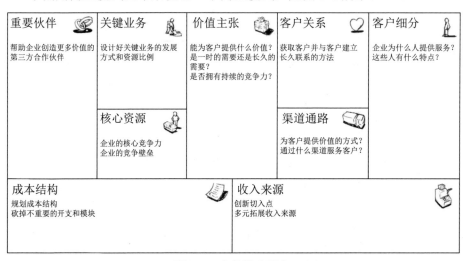

重要伙伴	关键业务	价值主张	客户关系	客户细分
帮助企业创造更多价值的第三方合作伙伴	设计好关键业务的发展方式和资源比例	能为客户提供什么价值？是一时的需要还是长久的需要？是否拥有持续的竞争力？	获取客户并与客户建立长久联系的方法	企业为什么人提供服务？这些人有什么特点？
	核心资源		渠道通路	
	企业的核心竞争力 企业的竞争壁垒		为客户提供价值的方式？通过什么渠道服务客户？	

成本结构	收入来源
规划成本结构 砍掉不重要的开支和模块	创新切入点 多元拓展收入来源

图 3-1　商业模式画布

第一视角：为谁提供？

1. 客户细分

企业产品的转化率和客单价都严重依赖于企业对客户的了解程度。企业打算为什么人提供服务、这些人有什么特点，是企业在设计商业模式时最先要考虑的问题。

第二视角：提供什么？

2. 价值主张

客户与企业合作的主要目的是获取价值。因此，企业要在商业模式中明确自己能为客户提供什么价值、这个价值是客户一时的需要还是长久的需要，以及这个价值是否拥有持续的竞争力。

第三视角：如何提供？

3. 渠道通路

正确的渠道对企业的发展有着强大的促进作用。企业要在商业模式中明确企业为客户提供价值的方式以及通过什么渠道服务客户。

4. 客户关系

企业最终要与客户形成彼此增益的关系，即让客户与自己都获利。企业的商业模式中要有获取客户并与客户建立长久联系的方法。

第四视角：如何赚钱？

5. 收入来源

收入来源是一个商业模式的重点部分。企业要避免收入来源单一化、同质化，要尽可能创新切入点，多元拓展收入来源，避免陷入恶性竞争。

6. 核心资源

核心资源是企业的核心竞争力，也是企业的竞争壁垒。只有在某一领域构筑起"围墙"，企业才能安枕无忧地赚钱。

7. 关键业务

关键业务是企业的主要经济来源。企业的业务范围应当是一专多能的。关键业务负责创造更多盈利，其他业务负责降低企业经营风险。企业在商业模式中要设计好关键业务的发展方式和资源比例，让其拥有绝对的竞争力。

8. 重要伙伴

第三方合作伙伴也是企业发展必不可少的一部分。企业自己创造价值的能力终究是有限的，但如果与外部资源进行整合，"蛋糕"就会变大，企业就能有更大的获利空间。

9. 成本结构

成本是企业在设计商业模式时需要考虑的一个重要因素。正所谓不花钱就是赚钱，最大限度节约成本，也可以算作盈利。对此，企业要在商业模式中规划成本结构，砍掉不重要的开支和模块，让企业的运转效率更高。

综上所述，商业模式画布通过 4 个视角和 9 个板块将商业模式具体表达出来，让其设计变得更简单、高效。

3.1.3 得物：以"识货"成就高端品质

得物是当下年轻人群体中非常流行的一款 App，它为热爱潮流文化、酷爱运动装备的年轻消费者提供了一个专业的平台。在得物出现之前，各大电商平台的口号大多是"物美价廉"，但是实际上，价廉却不一定物美。线上交易不可避免地带来了一个问题：如何确定购买的商品是正品？

以"90 后""00 后"为代表的年轻消费者热爱潮流文化，尤其注重产品品质，同时也拥有较强的版权意识，他们更愿意为正品买单。得物正是在这种情况下脱颖而出，以 C2B2C（customer to business to customer）的商业模式率先出圈，成为电商界的一匹黑马。

得物之所以能够获得如此巨大的成功，除了受益于当时的技术发展与政策优惠外，还在于它找准了市场。得物的用户市场是典型的利基市场，根据相关统计，得物的绝大多数用户为 35 岁以下的年轻人，其中又以酷爱运动装备的男性居多。而这与得物的发家史密不可分。

得物原名"毒"，孵化于虎扑 App 的运动社区板块。虎扑 App 是我国男性用户最多的社区 App 之一。2015—2018 年，"毒"App 的功能仅限于潮流文化交流和球鞋鉴定，功能虽少，但也积累了大量热爱小众潮流文化的男性用户。2019 年完成 A+ 轮融资后的"毒"App 成为国内最大的球鞋转卖平台，其商业模式如图 3-2 所示。

2020 年，"毒"App 品牌升级完成，正式更名为"得物"。相较于之前的"毒"App 只专注于球鞋鉴定、转卖，得物扩大了其业务范围，力图打造全新的潮流网购社区。

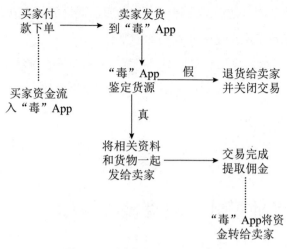

图 3-2 "毒"App 的商业模式

　　得益于在虎扑 App 中沉淀的垂直领域用户，以及"毒"App 将社区与商品平台的结合，得物在上线之初便轻松拥有广阔而又稳定的利基市场。中国年轻消费者在潮流文化品牌上的消费早已超过 2017 年贝恩咨询预测的 350 亿美元。很多知名运动品牌和潮流品牌纷纷意识到了通过得物能够打开更为广阔的用户市场，因此，它们开始陆续入驻得物，直接从品牌源头发货，免去众多中间商环节。

　　得物一直清楚自己的目标市场在哪里，为了留存用户，得物做出了许多努力。例如，相较于热衷货比三家的女性消费者，男性消费者更青睐于简单、快捷的购物方式。"购买两件商品打 8 折"比"预售定金 100 元抵正式贩售120 元""正式贩售实付 200 元打 9 折"的优惠方式更能吸引男性消费者。因此，得物的优惠方式一直都是简单的满减、打折和降价，尤其是需要排队购买的限定款商品，更加激发男性消费者的购买欲。

　　相较于以女性用户为主体的小红书在爆红之后将业务范围由最初的美妆领域扩展到服装、旅游等多个领域，得物所拓展的业务领域并不多。得物坚持深耕于潮流文化领域，其目标用户依然是年轻男性消费者，因此得物依然主营品牌球鞋业务，仅仅增加了数码、箱包等商品种类。小红书则试图打造一个涵盖全品类的内容社区平台，其发展趋势逐渐向社交 App 靠拢。而得物虽然由社交发家沉淀用户，但是自从品牌商入驻之后，得物的社交功能弱化了许多。得物的本质依然是潮流文化爱好者的购物平台。

整体来看，得物的成长节奏把握得很好。从沉淀垂直领域用户到平台优化，再到进军电商行业，每一步都稳扎稳打，这也为后来兴起的小众平台提供了丰富的商业经验。

3.2　创新商业模式，攻克核心目标

在市场竞争的初期，企业的商业模式大多是单一的。但随着市场竞争不断加剧，企业走向成熟，开始重视对市场竞争和商业模式的研究。商业模式是对企业经营生产要素进行价值识别和管理，同时探求企业利润来源、生产过程和产出方式的系统方法。以下将结合具体案例对商业模式做出解读。

3.2.1　组合创新：旧元素，新组合

动则生，不动则衰。企业应该如何实现行业的颠覆？企业只有不断地进行组合创新，才能够适应不断变化的市场，进而实现盈利，颠覆行业。组合创新常用的方法是"旧元素，新组合"，该方法通常需要4步完成。

1. 找到问题

企业想要进行商业模式的创新必然是看到了问题或意识到了潜在问题的存在。例如某工厂原料成本高，经确认，原来是工厂原料供应商少导致的。

2. 确定目标

找到问题之后就要明确此次创新的目标是什么。原料供应商少，那么企业可以多寻找供应商，降低原料成本，防止一家独大。

3. 选择拆解框架

拆解步骤是组合创新的关键点。组合创新有两种拆解框架：一种是目标导向型，即先确定目标再拆解重组，主要解决富有挑战性的问题；另一种是探索新机会型，即先拆解要素，再进行组合，主要用于解决创新性问题。

企业使用探索新机会型拆解框架时首先要确定行业边界，定义边界之后，企业能够将其商业模式拆解为供给端、连接端与需求端 3 个部分。需求端也是用户端，用户会在功能场景和情感方面对产品产生偏好。供给端是生产端，是制造产品的一端，它以产品的价值链与特性为拆解依据。而连接端则为需求端与供给端建立了联系，它的途径有很多，涉及线上、线下，例如物流、资金流、信息流和用户途径等。

4. 重新组合

重新组合是商业模式创新的破局之道，对内能够梳理企业业务的核心能力，对外能够避开对手锋芒错位竞争。企业通常会引入 PEST 模型和波特五力模型对 10 倍速变化要素加以识别，将拆解后的关键要素进行重新组合，形成新的商业模式。

PEST 模型是指对宏观环境的分析，根据行业和企业自身情况的不同，PEST 分析模型的因素也各不相同，但总体上都会对政治、经济、社会和技术这 4 大因素进行分析。而波特五力模型是对行业内决定竞争规模和程度的因素进行分析。"五力"是指竞争者的竞争能力、潜在竞争者的进入能力、替代品的替代能力、供应商的讨价还价能力和购买者的议价能力。

想要对商业模式进行拆分重组的企业往往会从这些因素出发，从需求端的市场入手，发现潜在的问题，从而进行后续一系列的拆分重组。

下面以白酒行业新秀江小白为例进行说明。我国白酒市场规模庞大，2017年全国共产白酒 1198 万千升，白酒销售收入 5654 亿元，利润总额达 1028 亿元。而在白酒市场中，茅台是当之无愧的行业巨头，洋河、五粮液、泸州老窖等紧随其后，二锅头和衡水老白干等老品牌也一同割据了中心市场。

江小白于 2012 年成立，当时正值中国白酒市场高壁垒的红海期。为了在市场上争夺一席之地，江小白决定打破原有商业模式，将其重组，破局白酒红海。因此，江小白利用新机会探索型拆解框架将自身的商业模式拆解为需求端、连接端和生产端。

（1）需求端

依据用户的年龄，江小白将市场需求端的用户划分为"80 前"、"80 后""90 后"、"00 后"3 大类。而根据用户的诉求、功能场景与情感需求的不同，白酒也被划分为高、中、低端 3 个档次。不同年龄段的用户依据场景、功能需求的不同会选择不同档次的白酒。例如"80 前"用户为乔迁新居的朋友送礼往往会选择高端白酒，体现对朋友的关怀；"90 后"用户朋友之间私下小聚，通常选择量大味烈的中、低端白酒。

同时，江小白还发现，市场上的主流白酒品牌，例如茅台，一直偏向白酒的经典口味。传统白酒味道醇厚浓烈，度数普遍较高，而且往往是大于 500 毫升的标准瓶，配以高档的外饰包装。这些特征都是为了迎合"80 前"的用户，因为"80 前"的用户将其作为一种酒文化和身份的象征，往往用来送礼或收藏。

而"80 后""90 后"用户对于传统白酒的象征意义并不买账。于是江小白决定开拓年轻人白酒市场蓝海，通过商业模式的创新重组打造一个青春的白酒品牌，为"80 后""90 后"定制白酒。

（2）生产端

年轻人喜欢白酒柔和、清香的口感，偏爱方便自饮的小规格包装，饮酒的场景又大多为朋友聚会而非正式场合。因此，江小白将白酒定义为一款年轻人的情绪性饮料，在口味、文化、场景等方面对其进行了升级。江小白的白酒大多为低度酒，口感也是年轻人喜爱的清香型，同时采用小规格瓶装，瓶身上还有年轻人感兴趣的各种流行图画与文案。

（3）连接端

江小白在连接端也进行了拆解重组。为了让更多人了解自己的品牌，江小白在营销环节投入了大量精力。2012 年，微信朋友圈兴起，江小白采用文案 UGC（用户原创内容）策略，借助微信朋友圈，实现用户的快速裂变，让越来越多的年轻人对江小白建立了清晰认知。

并且，江小白还打造了两个白酒线上社区。只要用户购买江小白，就能够在社区中分享品鉴经验，寻找志同道合的酒友。用户还可以在社区中为江小白提出建议，这极大增强了用户黏性。而在线下，江小白的创意瓶身和小众文案迅速流行出圈，吸引了很多年轻人的目光。

江小白成功出圈并不仅仅因为其对商业模式进行了创新与重组，还因为它将单一要素最大化，例如聚焦"80 后""90 后"用户私聚时的情感需求，坚持线上的用户口碑裂变传播，从而实现破局。在企业内部，江小白通过招募熟悉"亚文化"的新媒体运营人员，持续产出吸引年轻人的文案；同时有白酒行业老员工镇守后方，保障产品质量。在企业外部，江小白通过一系列的创新举措，与主流品牌形成错位竞争，深耕年轻人市场，慧眼独具加大胆创新，由此获得成功。

3.2.2 边缘创新：破圈于主流之外

对于大多数行业来说，如今的主流市场已经渐趋饱和，很多行业已经进入了存量时代。如何利用数字化的开阔思维助力企业实现商业模式的创新，留住更多的用户，是很多企业要思考的问题。

如果企业无法挤入现有的红海市场，那么不妨转换思维，在小众的蓝海市场快速成长，沉淀自己的核心用户群。当企业的基石稳固之后，曾经的边缘蓝海企业就会蜕变为大众视野中的主流企业。不少创业公司的成长史都是这样的：在主流红海市场之外开拓新的市场，形成自己独特的产业价值链，由小众发迹，破圈于主流之外。这种创新模式被称为边缘创新，如今很多被大众所熟知的品牌都是采取了这种策略才取得的成功的，例如泡泡玛特、三顿半、B 站等。

对于发展成熟的大企业来说，边缘市场利润低、风险高。但是对于创业型小企业而言，边缘市场有着巨大的可开拓价值。创业型企业在发展初期各方面都存在欠缺，而欠缺正是它前进的动力。月满则亏，有所欠缺才有成长的动力与空间，这些都是处于主流市场中的企业不具备的优势。

边缘创新是由边缘价值网切入的策略，创新源于边缘，边界模糊的市场本身也在快速变化，而变化则意味着机遇。一些创业企业正是抓住了一丝机遇，才逐渐发展壮大，从而有资本与大型企业抗衡。

大型企业在安逸的主流市场往往会忽略来自边缘创新的威胁，因为边缘创新的过程不是主流技术的线性进步，而是加速度进步，在爆发性增长前存在欺骗性的失望区，很难被人注意到。

以知名咖啡连锁品牌星巴克为例，在 1984 年，星巴克首次将新品拿铁引入美国，今天几乎最普通不过的拿铁在当时的美国却是一个边缘市场的创新产品。在此之前，美国从未有人想过浓缩咖啡中可以加入牛奶。这次的边缘创新大获成功之后，星巴克在 1994 年推出了传统咖啡与饮料的结合——星冰乐，这款非主流产品广受好评，1996 年的销售额占总销售额的 10%。

在边缘市场的创新让星巴克迅速占领了咖啡市场的蓝海，为了积累自己的核心用户群，星巴克从 20 世纪 70 年代就开始给用户邮寄咖啡豆。而这些用户通常是相对富裕、对休闲艺术等小众生活方式感兴趣的人群，他们认为星巴克咖啡的质量丝毫不逊色于主流市场的大品牌咖啡的质量。因此，在星巴克中后期实施区域拓展破圈策略时，这批种子用户成了最有力的口碑宣传者，为星巴克成为后来的咖啡主流市场大品牌奠定了基础。

星巴克之所以能够获得成功，从边缘市场逐步进入大众视野，是因为其采取了边缘创新策略，并且在创新的同时严格把控产品质量。星巴克的边缘产品拿铁和星冰乐并不能简单地归于咖啡市场，以动态的发展眼光来看，星巴克的拿铁既属于咖啡市场又属于牛奶饮品市场，而星冰乐则可以归入咖啡市场、果汁市场和茶饮市场等多个市场。这种边界模糊的市场本身就利于产品的创新发展。

而在通信、物流并不发达的年代，星巴克早早地开始注重与用户建立深度链接，通过邮寄咖啡豆，在早期就沉淀了一大批热爱星巴克的核心用户。当非主流产品的用户足够多时，非主流产品也就成了主流。

直至今天，占据了咖啡主流市场的星巴克依然坚持在咖啡行业的边缘市场进行产品创新，咖啡奶茶、无咖啡因咖啡等新品也受到了用户们的赞誉。

像星巴克这样的企业还有很多，例如以弹幕网站起家的二次元巨头 B 站深耕利基市场，坚持以二次元爱好者为核心用户群体。这样既避免了与背景深厚、资源充足的竞争对手直接硬碰硬，又能够将自身的影响力在二次元市场进一步扩大。通过与 ACG（Anime，Comic，Game，即日本动画、漫画，游戏）用户建立深度链接，B 站最终实现了边缘市场的破圈。

而同样在咖啡市场进行边缘创新的品牌三顿半，选择了与星巴克不同的创新方向。它主推速溶咖啡，用户将冻干咖啡粉倒入牛奶或常温水中就可以直接饮用，无须像雀巢等产品一样需要热水冲泡。三顿半的产品既有速溶咖啡的方便性，又有星巴克一样的萃取口感，因此它占据了未曾被人涉足的市场。

2018 年，相关投资人对三顿半的市场规模进行了调查，结果发现这个市场中只有三顿半一家企业。这给了很多投资人一个启示：不要从一个固定的视角去看待一个边缘市场的创新企业或产品，随着市场的变化，企业或产品破圈之后能够达到的高度也是动态变化的。

3.2.3　收入多频化与多元化

企业要设计一个商业模式让收入趋于多频化与多元化。

1. 收入多频化

收入多频化的核心理念是增强客户黏度，即让客户购买产品成为企业与客户建立关系的开始。在与客户建立了关系后，企业要构建粉丝群，围绕粉丝群升级产品、开发新产品和服务。

有时客户购买产品不是为了获得产品本身，而是为了满足自己的需求、解决自己的问题。从这个角度出发，我们可以发现许多能够实现收入多频化的方式。

（1）会员制。美国的一些小众电商平台都利用会员制来增加客户黏性，提高复购率。在我国，虽然各大企业也应用了会员制，但还停留在初级阶段。会员制的核心是企业和会员建立的双边关系，企业给会员提供更好的服务，会员反馈给企业更忠诚的消费行为。

（2）"产品＋耗材"模式。19世纪末，吉列开创了"产品＋耗材"的模式。这个模式的精髓在于：通过廉价剃须刀获取客户，销售高毛利的刀片持续盈利。

（3）"产品＋配件"模式。虽然"产品＋配件"的模式和"产品＋耗材"的模式看起来相似，但配件模式更有难度。耗材模式是先用产品锁定客户，让客户必须购买。而配件模式是通过个性化的可选方案，满足更多客户的需求。一般来说，消费频率高的产品大多选择耗材模式，而消费频率较低的产品大多选择配件模式。

（4）"产品＋服务"模式。服务可以分为两种：一种是设备服务，如检修、保养等；另一种是数字化时代的信息服务，如监测、控制、自动化等。企业要想走出红海竞争，就必须转变思维方式，从产品模式转化为"产品＋服务"的混合模式。

2. 收入多元化

收入多元化可以理解为"多找几只羊来薅羊毛"或者"让羊毛出在猪身上"。

（1）混搭模式。"混搭"是指将不同行业的产品根据消费者的使用场景融合在一起，从而提升销量。这种模式的关键在于跳出固有的行业观念和惯性思维，真正以用户为中心想问题，只有这样，才能解锁混搭的各种可能性。

（2）引入第三方。对于企业而言，客户流量也是有价值的。如果企业想要增加收入，就需要引入愿意为企业的客户流量付费的第三方。第三方的引入会改变企业的盈利结构，企业的收入不再只来源于客户，成本也不再只由自己负担，而是既有来自客户的订单，也有来自第三方的订单，也分摊了一部分成本给第三方。

（3）双层架构。双层架构与"产品＋配件""产品＋服务"模式相似，但双层架构加入了平台的概念。简单来说，就是建立基础平台和上层平台，通过精准的商品定位吸引客户从基础平台进入上层平台。

设置双层架构，企业要牺牲基础平台的一定利润，以吸引更多客户，为上层平台奠定获得盈利的基础。另外，企业要清楚基础平台和上层架构的关键点所在。基础平台的关键点在于以价格取胜，能免费就免费，尽量选择高频的产品和服务；上层平台必须有与基础平台存在强关联的应用场景，否则客户很难转化，上层平台的产品也要保持高性价比，不能只一味地追求暴利。

在市场经济变幻莫测的当下，企业进行多元化经营可以有效分散经营风险。企业通过选择进入其他行业、生产多种类型产品及提供多样性服务来确保日常经营，发挥协同效应。多元化的发展能够让企业获得管理、广告和销售等方面的协同效应，使企业员工、设备和资源的生产效率得到有效提高。

在企业发展的过程中，受科技水平提高、管理方法改进和企业发展方向变化等因素的影响，企业内部会产生富余资源，包括厂房设备等有形资源、信誉，商誉等无形资源和劳动力等人力资源等。这些富余资源若未得到充分利用，就会造成大量人力和财力的浪费，增加企业的负担。而多元化经营模式则可以有效利用这些富余资源创造出更多效益。

3.2.4　打破竞争格局，突破盈利上限

盈利模式即企业获得收入、分配成本的方式。传统盈利模式的收入与成本往往一一对应，我们能从中获得的利润也十分有限。如果我们可以对盈利模式的基本元素进行创新，就可以有效扩大盈利渠道，实现长期、稳定的盈利。

下面以手机销售模式的转变为例进行讲解。随着盈利模式的调整，手机销售从门店专卖模式转变为电商直销模式，这个过程就是对销售成本的调整，有效节省了大量人工成本，极大地拓宽了产品的盈利增长空间。

再以生鲜电商的盈利模式转变为例进行讲解。随着互联网与零售商的结合以及物流模式的改革，生鲜电商的盈利模式在探索发展中不断调整。在垂直电商、综合电商平台、O2O、"超市＋餐饮"新零售、社区团购等模式多元并存后，如今生鲜电商的竞争渐入白热化阶段。

国内的生鲜电商有上千家，均有其各自的盈利模式。每日优鲜作为后来者，

在借鉴前者经验的基础上，确立了自己独特的盈利模式，稳居生鲜电商第一梯队。

首先，每日优鲜的商业模式是 B2C（Business to Customer，商对客电子商务模式）移动电商，即客户通过微信小程序或 App 下单，平台将商品配送到户。

其次，每日优鲜在选品上实现全品类精选。每日优鲜上的商品既覆盖消费者对生鲜的日常需求，又将 SKU（Stock Keeping Unit，库存进出计量的基本单元）控制在 300 个左右，而通常大型生鲜电商的 SKU 都在 3000～5000。其实，生鲜食材的消费者大多轻决策、重效率，精简的 SKU 能够限定消费者的消费行为，替消费者精选产品，有效提高消费者下单效率。

再次，在仓储配送方面，采取总仓＋微仓、两个节点三段物流的模式。每日优鲜将微仓设置在离消费者更近的社区和商圈。而且因为大部分生鲜产品并不需要冷鲜包装，只需要一个手提袋即可，所以有效地将可变成本（冷鲜包装）转化为固定成本（冷库）。随着订单量的增加，固定成本逐渐被平摊，有效降低了运营成本。

最后，在包装方面，每日优鲜采用小规格包装。虽然小规格包装的商品单品购买量少，但是消费者还会购买其他不同的产品，因此客单价并不受影响，也满足了消费者对于生鲜食品多样性的需求。

每日优鲜通过精细运营管理、成本控制管理的创新盈利模式，以一个便捷、实惠的形象出现在消费者的视野中。而且每日优鲜的少量精选的产品、小规格的包装设计以及快速配送等服务，对于消费者来说是非常有吸引力的。

综上所述，企业要在总结之前经验的基础上，结合自身内部的实际情况，创新传统经营模式中的生产元素，从而达到降本增效的目的。创新的盈利模式给企业带来生机与活力，也使每日优鲜进入国内 500 强民营企业的榜单。

3.2.5 品牌 IP 商业化

对于一家企业而言，品牌是核心价值，用户的注意力永远是稀缺资源，他们可能会记不住企业的名字，但能轻易地记住某些品牌。实际上，实现品牌 IP 的商业化，可以唤醒用户的人格认同感和质量认同感，为企业带来巨大的流量。

心理学中的社会认同效应很好地解释了这种用户心理。社会认同出现在用户的决定具有不确定性时。当用户遇到自己拿不准，或者不确定性过大的事件时，就会通过观察其他人的行为而确定自己的行为。这时，一个实现 IP 商业化的品牌更能获得用户的青睐。

当一个品牌在自己的领域中占据相对强势的地位后，就能通过这种心理学效应潜移默化地影响用户的行为。很多用户在淘宝、京东等电商平台上购买产品时，会选择销量更高、名声更大的品牌，也是出于这种心理。当有许多人称赞一款产品时，其他用户也会觉得这款产品很优质；当有人有理有据地陈述产品的问题时，一些用户的购买热情就会减弱。

用户购买的不仅仅是产品，还包含着态度、生活方式、情感等，他们并不总是理性的产品功能追求者，有时也需要情感上的认同，这种情感认同随着社会经济的发展和个人工作、生活压力的增大而更加迫切。因此，学会利用用户的情感痛点去影响用户的选择，能有效地促使忠实用户群的形成。

如何实现品牌 IP 商业化？简单来讲，就是促使用户由为产品功能买单转变为情怀埋单，从而让用户对品牌产生依赖。

1. 新的营销方法

营销除了要能跟上时代的步伐外，还要有无法复制的创意。现今，随着国内年轻群体的购买力提高，他们更加注重产品的体验感。各行各业的企业也都根据这一群体的特征、喜好打造品牌 IP，用年轻化的语言诠释产品的内涵。这些产品主打"匠心化""精细化"，更加注重与消费者的情感沟通。

例如苹果手机的两个经典的广告《1984》和《非同凡想》，都不是直接向消费者介绍产品，而是给消费者讲故事。苹果将故事中人物的情感和价值观与消费者联系在一起，从而使消费者产生共鸣，为情怀买单，以促使消费者更依赖苹果。

管理大师托马斯·彼得斯曾说："距离已经消失，要么创新，要么死亡。"

品牌 IP 为用户打造的是一种感觉和文化符号，用户消费品牌 IP，更多的是在满足自己对某种精神和生活方式的追求。

2. 新的产品细节

打造品牌 IP 的主要内容就是将品牌故事通过具象化的描述表达出来，把用户带入一个特定的情景，引导他们思考，而不是限制用户思考。企业要让用户觉得是自己主动选择了产品，而不是被产品裹挟了。IP 内容是具备人格化属性的，不可能做到让所有人都喜欢，产品的名称、视觉、口号都会成为用户的关注点，这些都是品牌 IP 与用户沟通的途径。

3. 新的宣传方法

一般来说，品牌 IP 的主要表达方式是"内容 + 广告"，但现如今自媒体大行其道，媒体信息日趋碎片化、社交化，这就要求企业在设计内容时要加入大量的自制内容。

微博、直播平台、社群等自媒体占据着用户大部分的时间，用户浏览内容，再通过点赞、评论、转发等功能进行互动。当消费者受众大多适应自媒体的传播方式时，企业的宣传重心也要向自媒体转移。企业可以针对产品制作不同的宣传内容，利用多个自媒体账号组成的自媒体矩阵，将内容精准投放在各个渠道，以获得更好的宣传效果。

另外，这些自媒体平台的反馈数据也是十分重要的，其访问记录、转化数据、评论等信息都与产品的销量息息相关。因此，利用大数据总结用户的问题有利于提升产品的质量。

好的品牌 IP 会一直与用户保持良性互动，共创内容，从而增加用户黏性。因此，品牌 IP 要设置与粉丝互动的渠道，如果只有用户对产品或产品对用户的单向倾诉，是无法让用户成为粉丝的。只有充分的互动，才能让 IP 内容产生"温度"，增强用户的参与感、立场感，提升用户黏度。

无论是新品牌提升市场知名度，还是老品牌提升持续影响力，都需要根据目标用户群建设品牌形象。而品牌 IP 商业化带来的品牌价值、品牌文化、品牌形象，都很适合企业向用户传递品牌的价值、情怀、意义，从而唤起用户情感上的共鸣，让品牌具有权威性，进而提升品牌的知名度。

在用户眼中，品牌 IP 商业化就是品牌实力的表现，实力强大的品牌生产的产品也更有质量保证。这种认同感会影响用户的购物决策，为品牌带来巨大的流量。这也是品牌 IP 商业化的核心价值所在。

品牌知名度和影响力是企业的无形资产，这些无形资产能为企业带来庞大的品牌价值。一个有影响力的品牌可以使得企业拥有更大的市场和利润，对企业长远发展有着不可估量的作用。

3.2.6　携程：持续发展的秘诀

携程不仅是中国旅游业的知名企业，还是中国互联网商业变革历史的一个缩影。1999 年，中国涌现出了许多新兴的互联网企业，而平稳生存到今天并且始终在行业中占据领先地位的企业却寥寥无几，携程就是其中之一。

携程之所以能够实现持续发展，主要原因有两个：其一是旅游业在过去、现在乃至未来都属于服务业中很重要的一部分，因此携程的天花板足够高，有充足的成长空间；其二是携程采取组合创新的策略，不断为自己注入新的活力，在市场竞争中始终保持领先地位。

1. 携程的第一次组合创新

旅游业是一个综合性服务行业，在携程成立初期，携程需要细化切入角度，拆解其中的关键要素。国际公认的旅游要素有吃、住、行、游、购、娱，但是只从这些要素切入依旧不够。依据旅游业的特点，交易和支付是错位发生而非同时发生的，携程找到了其中的关键要素。1999 年，国内互联网行业处于起步阶段，绝大多数人都会选择线下交易而非在线交易。携程将要素拆解完毕，着手将要素重组。它重组的逻辑非常清晰：面向用户，为用户提供高频、刚需的服务。而在旅游 6 要素中，住和行是刚需服务。因为用户可以自带方便食品、自由选择是否额外消费去景点游玩、购买商品和观看娱乐节目等，但只要在外旅游，就会不可避免地住酒店和乘坐交通工具。作为平台型企业，携程自然希望自己连接的两端越分散越好，因为这样有利于携程制定交易规则。因此携程选择了"住"作为自己的关键市场。

当时的酒店大多是单体而非连锁形式，因此这有利于携程为这些住宿场所和用户建立一个有效连接。携程颠覆了当时被动的连接模式，主动地为用户住宿提供选择，为酒店带来稳定的客源。为了能够更好地切入破局点，携程选择了最朴实也是最有效的一种宣传方法——发小卡片。在当时互联网并没有普及的情况下，这种方式非常奏效。

当携程通过这种方式建立起了第一个商业模式的创新组合之后，第一个增长飞轮也随之出现。宣传越多，酒店的潜在用户就越多，酒店的生意也就越好，而其他没有与携程建立连接的酒店也会慕名与携程签约。与携程签约的酒店越多，用户的选择越多，满意度就越高，选择与携程签约的酒店的人也会越多。这实际上就形成了一个效益的正向循环，如图3-3所示。

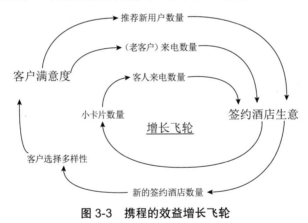

图3-3 携程的效益增长飞轮

2.携程的第二次组合创新

在1999年到2003年之间，携程通过这种典型的组合创新模式，拆解基本要素并将其重新组合，创造了中国互联网行业，特别是旅游行业的奇迹。但在2005年，中国首家旅游搜索引擎公司"去哪儿"成立了。由于百度是其第一大股东，因此"去哪儿"的资源非常丰富。其享受到了互联网的流量红利，业绩斐然，于 2013 年在纳斯达克上市。

相较于携程坚持拆解供应端、需求端和连接端的关键要素并重组的组合创新模式，"去哪儿"选择了顺应互联网时代发展的商业模式，将需求端市场定位于被携程忽略的年轻人群体。年轻人更热衷于使用互联网搜索引擎寻找价格低廉的宾馆，并不喜欢携程所采用的发放小卡片的方式。携程专注于中、高端酒店市场，"去哪儿"则深耕于中、低端宾馆市场。"去哪儿"供需连接的效率远远大于携程。

因此，携程迅速将旗下所有业务迁移到无线移动端，而"去哪儿"此时还处于 PC 端时期。携程倚仗自身雄厚的实力对用户给予大量补贴，从旅游行业代理商向平台彻底转化。在这个新的组合创新模型中，携程出现了第二个增长飞轮。移动端的补贴越多，携程移动端下载量越多，抢夺"去哪儿"的市场份额就越多。同时，获得补贴的价格敏感人群会更加青睐于携程上的中、高端酒店，而签约酒店所获得的收入也会随着交叉购买的各档次产品和服务的增多而增加，由此出现了效益增长飞轮。

3. 携程的第三次组合创新

2018 年，美团横空出世，连续两个季度的签约酒店业绩超过了携程。美团的供需链与"去哪儿"一致，但是美团是以"吃"作为切入元素破局的。面对体量庞大的美团，携程无法再次进行补贴战。于是携程重新拆解要素，以海外市场和下沉市场为发力点，加大产品聚合性，最终缩小与美团之间的差距。在需求端，携程进行了大量广告宣传；在供给端，携程收购多家细分企业，再次打造效益增长飞轮。

通过利用组合创新的商业模式，携程不仅成功拆解了市场要素，还重新对各要素进行组合，并且让组合后的要素以尽可能低的成本发力。而这也是携程持续发展的秘密。

第 **4** 章

数字化生产：灵活响应，渐进式开发

某知名企业亚太区执行总经理曾说："在这个时代，数字化一切和数字化转型是大势所趋，所有行业，包括供应链在内，要么数字化，要么被淘汰。"现如今互联网经济发展得如火如荼，相应地，企业的生产也要跟上时代转型的步伐。数字化生产是顺应时代的、最佳的转型方式，它利用互联网技术整合企业现有的资源，灵活响应客户需求，通过渐进式开发，使企业与客户双赢。

4.1 最简单的解决方案就是最好的方案

互联网时代，数字化成为社会变革的驱动力，从根本上改变了传统生产方式和商业模式。数字化与各个行业的融合，是这个时代最大的变量。可是，企业又该如何抓住数字化生产的机遇呢？敏捷产品开发就是实现数字化生产的最好方案。

4.1.1 什么是敏捷产品开发

经济学人智库在对多家企业进行的调研中指出："88%的企业高管认为企业的敏捷程度是企业成功的关键因素。50%的高管指出，敏捷不仅重要，而且是关键的差异化优势。"因此，敏捷产品开发可以说是企业的战略需要。所谓敏捷产品开发，简单来说就是以用户需求的进化为核心，采用渐进式的迭代更新的方法进行软件开发。

如今是数字化时代，客户需求越来越个性化、多样化，产品和服务的生命周期大大缩短。企业的战略、商业模式、落地策略以及执行计划很难像以前一样在一开始就有比较准确的规划与计划。华为任正非所言的"方向要大致正确，组织必须充满活力"成了这一时代对企业的普遍要求。这种要求让企业无论是在战略制定上，还是执行上，都必须根据经营环境的变化进行灵活的迭代调整。

企业需要缩短项目投资的时间，快速研发出产品，让产品快速进入市场，然后再根据市场的反馈不断调整产品。这样产品的生产和改进都不会脱离用户需求而进行，每一次的产品发布既能给用户带来价值，又能持续带来销售收入，如图4-1所示。

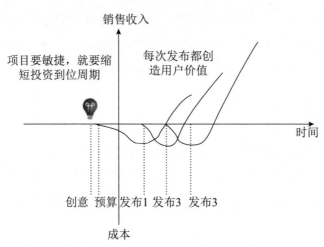

图 4-1 产品开发时间与销售收入的关系

　　在敏捷产品开发的过程中，产品会经历理解和定义、探索与计划、设计和构建、产品演化 4 步。首先，内外部客户、用户、员工会探索与发现新的业务机会，团队会识别业务单元、产品愿景并定义要解决的问题。其次，团队开始探索可能的解决方案与实施计划。再次，通过端到端的团队持续迭代构建产品，包括用户体验设计、业务分析、开发与测试等。最后，根据用户的反馈持续演进产品，及时调整产品策略，应对用户需求变化，而且在此期间软件一直可以使用，如图 4-2 所示。

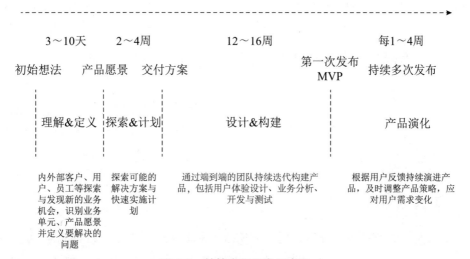

图 4-2 敏捷产品开发示意图

敏捷产品开发最大的优势就是解决用户需求不断变化的难题。在每一次迭代周期结束时，企业都能给用户交付一个可用的产品，然后用户体验该产品并反馈意见，这些意见会在下一个迭代周期在产品中实现和集成。下面是敏捷产品开发给企业带来的价值。

（1）精确。传统的瀑布开发模式通常是在产品开发的起点与终点之间规划一条直线，然后沿着直线进行产品开发。这很可能导致当项目到达终点时，用户已经没有需求了。而敏捷产品开发采用小步快跑的方式，每走完一步就进行相应的调整并确定下一步的方向，这样可以始终保证产品沿着正确的方向开发。

（2）质量。敏捷产品开发对每一次产品迭代的质量都有严格要求。例如，在开发极限编程等敏捷产品时，企业会在正式开发功能代码前会先开发该功能的测试代码，根据测试代码的反馈对产品进行调整，从而使产品的质量有保证。

（3）速度。敏捷团队最关注项目开发中优先级最高的需求。这样能提高开发效率，按期交付产品。另外，较短的迭代周期能够使团队成员更快地进入开发状态。

（4）高效的自我管理团队。敏捷开发要求团队成员必须学会自我管理与成长，对待项目要积极主动。在严格要求的团队中工作，团队成员的技术水平、沟通能力和领导能力将得到很大提升。

4.1.2　所有项目都能进行敏捷开发吗

敏捷开发是最简单的、最佳的实现数字化转型的方案，那么所有的项目都可以通过敏捷开发实现转型吗？其实不尽然。评估一个项目能否进行敏捷开发，主要看 3 个因素：不确定性、复杂性和新颖性。

1. 不确定性

当面对的产品较为复杂，用户的需求不断变化时，整个项目都充满了不确定性。一般来说，受市场变动影响较大的产品，业务方面的需求变动更为常见。

而为了不影响项目的开发进度，需求管理必不可少。传统的团队会将需求一个个列出来并落地执行，而敏捷开发是通过将任务分解，把项目工作拆分为半天到一周不等的工作量，然后制定任务完成的关键点，再根据任务的紧迫性进行优先级排列。这样即使在任务进行过程中有不确定的需求加入，也可以快速将其进行优先级排序，确定其完成时间。

2. 复杂性

一般来说，软件项目极具复杂性，而互联网时代的软件项目复杂性更高，受市场影响更大。市场一有风吹草动，软件项目就有大变动，因此软件项目的复杂性就体现在了需求变化上。有的开发团队会将需求排列出来，甚至会预测之后的需求。而敏捷开发是将工作任务拆分为可接受的任务量，制定每个小任务的完成时间节点。因此敏捷开发可以将复杂需求简单化，帮助开发团队化繁为简，提高工作效率。

3. 新颖性

如果企业开发的新项目和之前开发的项目很像，不具有复杂性和新颖性，那么企业就可以用类比制造的方法开发项目而不必使用敏捷开发这一方法。只有新颖性很强的项目才适合采用敏捷开发的方法，否则便是舍近求远了。

4.2　如何实现敏捷开发

21 世纪是互联网时代。不可否认的是，数字化正在以惊人的速度改变企业组织，新冠肺炎疫情的突然暴发更是加快了企业数字化转型的进程。那么，在外界因素的影响下，企业应该如何进行敏捷开发，实现数字化转型，从而顺利跟上时代发展潮流呢？

4.2.1　第1步：明确产品愿景和价值主张

敏捷开发最容易在哪个环节出问题？答案是基于明确的产品愿景和定位下的需求管理。

在数字化转型过程中，开发人员往往具有很强的理性和逻辑性，而且他们清楚敏捷开发的价值和意义，因此他们基本不会破坏既定的敏捷开发流程。而复杂多变的市场环境导致很多企业用户朝三暮四、需求多变。例如有的企业用户会在敏捷开发过程中给开发人员这样说："敏捷培训还不简单吗？我就不去了，到时候需求改了，你们再更新一下就行。""敏捷不就是随机应变吗？有什么难的？""敏捷开发？那我现在要改一下需求。"

这不利于搭建敏捷开发环境。环境无法搭建，所谓的敏捷开发不过空有其表罢了。所以做好需求管理，通过战略会议明确产品愿景和价值主张就显得尤为重要了。

最简单的方法就是使用"电梯演讲"表达产品愿景和价值主张。一个好的产品愿景能够对产品的前景和发展方向有一个简练且精确的概述，它是整个项目的目标。好的产品愿景要能够回答很多问题，例如产品应该是什么样？产品的目标客户是谁？产品的竞争对手是谁？如何打败对手争夺客户？产品独特的价值和优势是什么？

"电梯演讲"在向大领导或者重要客户阐述观点时非常有效，因为这些人的时间有限，而且重视直达本质的逻辑性表述。"电梯演讲"可以分为5个步骤。

1. 共识问题

共识问题是为了引出后面的观点，它是一个铺垫。切记，这个问题一定是所有人都已经认可、不存在争议的问题，否则很容易在一开始就被对方否决掉。

2. 核心观点

表达核心观点是"电梯演讲"的核心步骤，因为接下来所有的步骤都是为了证明这个观点，所提出的解决办法也是针对这个观点的。

3. 证明观点

用最简短的一句话说明怎么得出的核心观点。

4. 量化支持

没有数据支持的结论或观点不具有说服力。只有有了量化的数据的支持，结论或观点才容易让人信服。面对的客户等级越高，我们就越应该拿出有力的数据支持自己的观点。

5. 解决办法

作为"电梯演讲"的收尾，只要前面 4 个步骤顺利完成，解决办法水到渠成。

4.2.2 第 2 步：绘制产品路线图

明确了产品需求后，企业需要将它可视化。因为一个项目的复杂程度无法用几句话描述清楚，各个需求的进展程度也不同，因此将产品需求绘制成可视化的产品路线图就十分有必要。

产品路线图实际上就是一个动态的文档，在宏观上展示了产品的最终目标与发展方向；而在微观上，它对需求进行了优先级的分类排序，如图 4-3 所示。在项目进行过程中，产品负责人会根据实际情况不断更新产品路线图，因此需求优先级、工作任务量这些细节都是随着项目的发展而不断更新的。

产品路线图也有不同的分类，如单一产品路线图和多个产品路线图，但它们的绘制过程大体相似。

1. 需求的分解确认

产品需求主要分为两个方面：来自产品战略的内部需求，来自市场调研的外部需求。在产品路线图中，不同需求按照专题和特性的不同具有不同的优先级。

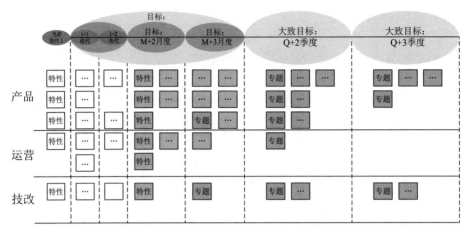

图 4-3　敏捷开发产品路线图

2. 需求的归类分组

明确产品需求后，企业需要考虑产品的使用方式，客户对于产品特性的要求，当企业提供某一特性之后对于整个产品的使用会有什么影响，有什么特性是产品需要、现在却没有的等问题。此外，企业还要根据这些问题的答案对需求进行归类分组。简单来说，就是按具体功能特性或逻辑将需求分为特定的主题。

3. 需求的估算排序

企业要评估每一项需求的价值，这样才可以更好地排列需求优先级。企业可以采取问卷调查等量化的方法请客户对每一项需求进行打分，结合需求的成本、价值、紧急性、与愿景的吻合程度，以及马斯洛需求层次理论等因素给需求排列优先级。

当需求的价值评估完成后，企业就要对相应的需求成本进行量化评估。企业可以选择一项难易度适中的需求作为量化基准，再通过判断其他需求与该需求在实现难度上的差距，进而使每一项需求都得到一个成本分值。

当需求的价值与成本量化全部完成，就可以获得需求的相对优先级（相对优先级＝价值／成本）。分值由高到低依次排列的需求列表就称为产品待办列表，这样就可以在产品路线图中发布需求目标了。

4. 需求的时间框架

产品路线图初创时，时间框架都是比较粗略的估计，要思考路线图上每个分组的时间点是否合理，然后为接下来的项目发布选择一个合适的迭代更新周期，比如一周、一个月、三个月，确保产品迭代会议可以按计划举行。最后将产品需求分配到迭代周期中，路线图的时间框架才算基本完成。此外，一定要记得后期随时跟进更新时间框架。

4.2.3　第 3 步：制订发布计划

发布计划具有流程轻、快速交付获得反馈、持续设计和交付业务价值、持续集成第一时间暴露缺陷、应对变化成本低的特点。对于一个新产品来说，在发布会开始之前制订发布计划尤为重要。但在制订发布计划前，要先修订产品代办列表。

产品代办列表是与项目相关的所有用户需求列表，它是项目需求的主要来源。企业通过不断地添加用户需求、为用户需求排列优先级来创建和维护产品代办列表。产品代办列表包含对用户需求的描述、优先级排序、添加工作量的估算。它会随着用户需求的更新而更新。

发布计划包含发布目标、发布日期以及支持发布目标的产品代办列表的需求优先级排序。它是团队之间沟通的重要渠道。

首先，企业需要确定发布目标。企业的项目开发团队根据业务的优先级、开发速度和团队的能力来确定发布目标。

其次，通过评审产品的代办列表和产品路线图，企业要确定哪一个是支持发布目标的最高优先级的用户需求。80% 的用户需求用于完成发布计划，20% 的则用于提升产品生产稳定性和为用户制造惊喜。

再次，企业要选择新产品的发布日期。一个合适的发布日期寄托着对新产品的美好祝愿。发布日期可以是经过一个迭代开发周期或若干迭代周期后的一个日期。

同时，企业要明确新产品的发布目的。若企业都不清楚为什么发布新产品，那么用户也不会信心坚定地选择企业的新产品。

最后，要把握产品的市场定位。若产品的定位是高端产品，那么价格和宣传方式都需要体现出产品的档次。若定位是中、低端产品，就要采用接地气的宣传方式，不能和大众产生距离感。

当然，这些过程最终都会在产品发布会中体现。以苹果发布会为例，苹果的发布会基本每年都在 9 月举办，线上线下同时进行。每一年推出的新品都会和上一年的产品进行比较，让观众对于新品的优点有一个最直观的感受。同时，苹果会推出多款价格不同的新品，让每一位潜在用户都可以找到自己心仪价位和功能的新品。

4.2.4　第 4 步：制订迭代计划

一个产品的更新迭代实际上是一个循环往复不间断的过程，若想在每一个迭代周期中都做好阶段工作，企业就需要制订好迭代计划。但在这个过程中，企业很难依照传统的战略模式制订迭代计划，也很难精准预测数据的更新间隔，因此利用数字化思维制订持续的迭代计划才是最佳选择。

产品的迭代计划以敏捷为核心，开发团队会通过各种手段实时跟进产品的研发进度，重点关注小批量的快速流动和质量内建，避免出现有些需求重复被满足，而有些需求却被忽略的情况。在产品迭代计划运作过程中，开发团队以可视化和 WIP 限制为切入点。

1. 需求获取

就像制订产品路线图一样，企业要从产品需求列表中选择当前迭代周期需要更新的需求有哪些，并对其进行价值分析，将其进行优先级排序。优先级排序大体可以分为 3 类：影响产品使用和用户体验的优先；投资回报率高的优先；可完善产品的优先。

2. 需求管理

召集有关部门人员对筛选出的需求进行评估，确定具体工作内容和工作日期，建立详细文档，推动项目的进行。

3. 需求开发与测试

首先，开发团队需要进行辅助工具建设，例如开发环境的一键安装、各种底层生态链的构建等，确保在正式进行开发与测试时，工具不会出现问题。

其次，开发团队要在事先进行超前架构设计，以确保在开发过程中架构可以提供良好的扩容性和可维护性。一个良好的架构应当具备组件化基础功能模块，同时模块间的依赖性很小，可以互相独立作业，这样可以降低营销活动与业务耦合度。同时，架构要能够实现自升级、自维护。

最后，依托于完备的辅助工具和超前架构设计，开发团队就可以对软件进行持续集成。团队的每个成员每天都可以对软件进行集成，每次集成都会通过自动化的构建来验证，从而尽早发现软件中的问题。开发团队要对软件进行整体逻辑测试和提交 QA 测试，跟进测试进度，及时进行反馈完善。

需求测试完成，意味着周期内的需求任务也已全部完成，该产品可以正式上线。当然在上线之后也要进行一段时间的跟测，以最大程度地确保产品迭代成功。

4. 部署与运维

产品开发测试完成之后，企业还需要对产品进行部署、运营与维护。通过对软件的点击率、用户路径、渠道选择、渠道升级控制等进行分析，企业能够更好地对产品进行运营和维护。

4.2.5 第 5 步：当前迭代周期开发过程，进行下一期迭代的需求计划

迭代周期是一个循环往复不间断的过程，如今新产品迭代升级的速度比实体经济时代快得多。因此，自检上一期的迭代周期就是进行下一次迭代周期的必要准备和工作依据，如图 4-4 所示。

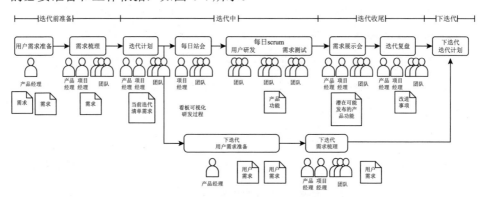

图 4-4 循环往复的迭代周期

评审开发过程，首先，要确定需求范围和质量对于迭代进度的影响。如果某项需求在进度上达到了要求，但是在质量上并未过关，那后续还需要进行再返工，浪费时间和人力。其次，要尽量减少资源和预算变更对于迭代的影响。有时候一个部门的工作人员可能身兼数职，无法全身心投入到一个项目中，这必然会影响项目迭代的进度。最后，要及时地调整计划，根据上一个周期总结出的经验，进行下一步迭代。

例如 QQ 安全管家的迭代速度是一星期一个 beta 版本，一月一个正式版本；小米的 MIUI 每周都更新 ROM 包，以供用户下载。由此可见，快速迭代是很多互联网企业的首选开发方式。

4.2.6 第 6 步：如何在一个组织中进行规模化敏捷产品开发

敏捷开发的概念在过去的几年中已经得到了广泛的应用，也助力很多软件开发团队开发出了更好的软件。因此，很多开发团队试图实现在组织中进行

规模化的敏捷产品开发，最大限度地发挥敏捷开发的应用价值。

规模化的敏捷产品开发主要分为产品规划、产品研发和产品运营 3 个阶段，如图 4-5 所示。

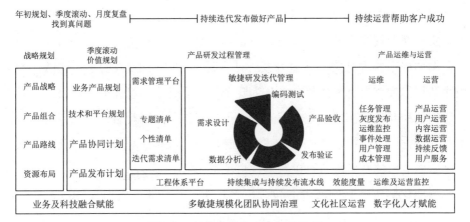

图 4-5　规模化敏捷产品开发流程

首先，产品规划分为宏观的战略规划和拆分后的季度滚动价值规划。在宏观上，团队首先要明确产品所要达到的战略目标是什么，计划推出怎样的产品组合，走怎样的产品路线，如何调动手中的资源进行战略布局。而落实到每个阶段的实际操作中，团队需要针对业务进行具体规划，构建完整的技术平台，提出公开、透明的协同计划，以求团队之间可以做好配合。在产品发布之前还要做好发布计划，确保新产品的上市万无一失。

其次，在产品研发过程中，团队要明确用户的需求优先级，规划需求专题清单、特性清单以及迭代需求清单。产品的初始版本不必完美无缺，因为后续还要进行一系列的迭代优化。团队要从用户的需求出发，在产品发布之后收集数据反馈，进行产品优化，再次进行测试检验，确保产品的稳定运行，从而再发布新版本。迭代管理是一个周而复始的过程。

最后，产品上线之后需要团队进行运维和运营。运维主要包括任务管理、灰度发布、运维监控、成本管理等内容。而运营主要包括产品运营、用户运营、内容运营、数据运营等内容，团队要持续收集数据反馈，以为产品的迭代优化提供参考。

这3个阶段都是在敏捷规模化团队协同治理下的赋能平台上完成的。而产品的研发和运营实际上在组织强健的工程体系平台上实现了持续集成，形成了一个完整的产品流程闭环。

但是，小范围的敏捷开发和规模化的敏捷开发之间还存在着一定差距，若想实现商业规模化的敏捷开发并不是那么简单，需要克服很多困难。

例如极限编程这类的敏捷开发方法只适用于7至10人的小型团队，而大型团队往往拥有上百名成员，会分为几个甚至十几个小型团队，项目的开发人员还需要和其他团队的一些非开发的人员进行工作上的配合。当项目的开发人员与其他部门在质检、集成、市场运营等环节进行合作和沟通时，又该如何保证团队内的敏捷开发项目可以顺利按日期交付呢？

规模化的大型系统通常会包含很多种类的新技术，有时候还要与其他系统进行通信和集成。规模化的产品要面对复杂的场景，满足不同用户群的需求。而通常复杂系统都需要经过严格的验证，这使得规模化的敏捷产品开发条件更为严苛。

大型系统所需的开发和维护时间都比敏捷开发的要更长，而且需要关注不确定的更改，还可能会被要求交付多个版本的产品。

虽然各个组织的情况各有不同，实现规模化敏捷开发的方法也有所不同，但是在实现的过程中存在的局限却有着共同之处。在选择最佳实践方案时，组织可以根据局限性并结合自身的实际情况对方法进行调整。

规模化敏捷开发具有复杂性，会导致组织的效益降低，因此需要在管理方面构建一致性，使其在规模化过渡中更加有序。构建管理一致性，需要多个团队在进度、范围、目标等多方面对齐，而且要在每个季度都进行规划，明确产品目标及需求优先级。在季度末，要进行当前流程和成果的展示，并制订下一个季度的计划表。

例如，在某规模化组织中，产品的周期性价值评审一般需要1天的时间，产品研发迭代一般需要12周，在这12周中各个敏捷团队节奏一致地进行两周一次的迭代冲刺。迭代完成之后需要1天时间进行产品的集成及演示，修复bug。之后再次进行迭代，循环往复。如图4-6所示。

周期性价值评审对齐	产品研发迭代						周期性价值评审对齐	产品研发迭代						规划对齐
0.5～1天	6个Sprint(12周)						0.5～1天	6个Sprint(12周)						
	齐步走：各敏捷团队统一节拍进行每两周一次的迭代冲刺							齐步走：各敏捷团队统一节拍进行每两周一次的迭代冲刺						
PI-1周期性价值评审	A业务SP1	A业务SP2	A业务SP3	……	……	A业务SP6	PI-1集成及演示	A业务SP1	A业务SP2	A业务SP3	……	……	A业务SP6	PI-1集成
	B业务SP1	B业务SP2	B业务SP3	……	……	B业务SP6	PI-1特性演示	B业务SP1	B业务SP2	B业务SP3	……	……	B业务SP6	PI-1特性演示
	C业务SP1	C业务SP2	C业务SP3	……	……	C业务SP6	PI-2周期性价值评审	C业务SP1	C业务SP2	C业务SP3	……	……	C业务SP6	PI-2周期性价值评审
	……						PI-1修复问题				……			PI-1修复问题
							PI-1缓冲时间							PI-1缓冲时间

图 4-6 规模化组织敏捷产品研发周期表

为了在规模化组织中更好地进行决策和运作，组织要在部门层级建立价值决策团队，由团队管理者牵头召开周期性价值评审会议，以让组织成员在产品的敏捷开发上达成共识。价值决策团队的结构如图4-7所示。

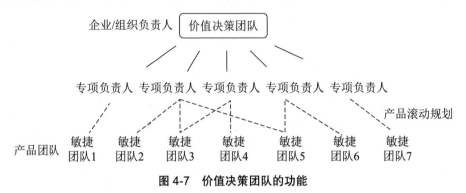

图4-7　价值决策团队的功能

价值决策团队包括多个专项负责人，专项负责人会将经过初步分析的任务专项在周期性价值评审会议中提出，以形成最终决策。他们对产品专项的全生命周期负责，从方案、交付、运营一直到迭代，都由专项负责人牵头带领团队进行作业。

而价值决策团队中的产品经理负责制订宏观上的产品滚动计划，包括专项和非专项的产品优化，还负责制定产品落地的阶段性目标。

4.2.7　第7步：规模化组织中产品分敏稳双态发布策略

为了使组织规模化适应企业不同的客户类型，产品发布策略分敏稳双态。敏态客户群体对新功能特性要求高，因此需要实行双周发布的产品策略；稳态客户群体对稳定性要求高，需要实行季度性发布策略，如图4-8所示。

在市场中，敏态客户与稳态客户并不是固定的，企业可以按照产品计划的实施阶段划分这两个群体，对集群用户名单进行动态更新。一般来说，敏态用户占比较大，敏态发布的初期，产品要实行双周迭代，快速满足用户的需求，积累用户。而当用户的要求被满足之后就不再愿意频繁更新版本，只偶尔有一些小需求或专项大需求需要满足，此时产品可以实行季度更新，这样既可以满足用户的需求，又不会引起稳态变化。

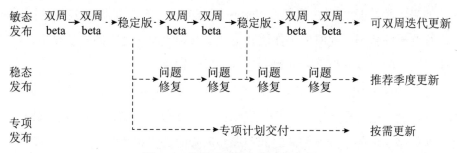

图 4-8　敏稳双态发布策略示意图

而在这两个用户群体之外，还存在独立的战略大客户群体。面对战略大客户的需求，产品会基于极度稳定版本根据客户的需求进行开发，按需交付产品。

为了实现产品敏稳双态发布，组织一般要做到以下 5 个方面。

1. 团队协作

Scrum（迭代式增量软件开发过程）是目前使用最广泛的敏捷项目管理方法。一个团队需要具备说明需求、系统架构、设计、编码等能力。然而，项目的规模增大之后，项目的复杂性也会随之增加。单一的 Scrum 团队无法满足所有需求，这时候组织就要根据任务特性和其他团队进行合作。

团队首先要列举产品待办事项，召开迭代会议，确定此次迭代的需求有哪些。迭代版本验收无误之后，可交付产品增量，完成此次产品迭代，如图 4-9 所示。

图 4-9　Scrum 运作图示

如果一个项目已经决定使用 Scrum 管理方法，那么可以对其他的团队同样进行这样的管理。此时的协作团队主要需要确定团队之间的信息交换，以及对团队之间的协作问题和潜在风险进行分析并解决。

协作团队的成员通常来自各个开发团队，这样协作团队就可以掌握整个项目的进度。另外还会有一些用户界面设计、系统架构等部门的专业人员参与，这样就能够实现各个开发团队之间问题和风险的交流和共享。

2. 控制复杂性

系统质量上的要求如安全性、可用性等会给项目带来大的改动甚至导致项目延期，而且要求越严格，技术上的复杂性以及风险就越高。在迭代过程中，如果一项任务在多小组并行工作的情况下都无法完成，那就说明这项任务有着技术上的复杂性。为了应对这种情况，开发人员必须在项目早期就搭建软件的特性架构。

在敏捷开发中，有一个相对稳定的基础对多个团队协作是很重要的。这能够帮助开发团队在项目早期就发现技术上的风险，避免技术方面的复杂性问题。

3. 特性开发与系统分解结合

敏捷开发是在系统的所有组件中实现一个特性，这样开发人员能够针对一个特性而进行开发，从而实现目标上的高度一致性。因为系统中每个实现该特性的组件都是独立开发的，所以无论是针对特性开发还是对系统进行分解，其目的都是保证项目的进度。

4. 质量评估

敏捷开发更多注重的是特性问题，但当团队成员的注意力完全集中于功能特性上时，往往会忽略架构上的需求。而且大型系统的维护周期都较长，因此在前期搭建系统架构时一定要注意质量上的风险评估。这样才可以决定架构上的哪些需求应该尽快满足，又有哪些方式是交付用户需求的捷径。当需要解决安全和部署环境方面需求变化时，架构上的需求必须排在第一位。

5. 测试驱动

如果开发的过程中只考虑正常情况，后期就会过度依赖测试来寻找不正常的情况。为了避免这种"马后炮"的现象，开发人员在开发过程中需要考虑到异常情况。如果能够提前写好测试脚本，由结果推导过程，将会使测试变得更有成效。

4.3　优化整个业务

前几年，企业数字化转型只停留在技术、应用、营销层面，但如今的数字化转型要更加全面和深入。因为数字化不仅影响企业的营销和管理，还会影响企业的外部环境、组织与环境关系、组织与战略关系、组织与个人关系、个人与个人关系。

无数企业在生产、销售、售后等各项业务流程中引入了数字化工具，希望可以通过这种方式使业务变得更灵活、更高效。数字化为所有行业的生产带来了巨大的改变，优化了整个业务。

4.3.1　灵活地响应变化

为了实现数字化生产，企业需要对业务流程进行调整。在传统的企业中，企业为了满足数字化生产需要所购入的系统只需要一个小团队来维护，这个小团队需要进行的维护工作也很简单，例如系统维护、收集 bug 反馈给系统集成商等。但是随着企业规模的扩大，不同业务线开始引入不同的系统，团队规模扩大，内部分成了责任不同的小团队，而这就导致了信息孤岛的产生。

而业务系统与业务复杂性的增加也导致各团队的责任、权利、利益的复杂性增加。例如 A 团队负责的系统出现故障，也为 B 团队的项目带来麻烦。于是组织架构从垂直化向水平化开始转变。但是这并没有从根源上解决问题，信息孤岛依然存在，面对需求变化，组织依旧没有办法做到快速响应。因此，企业需要自己研发系统，从根本上减少 bug 的出现，减少对业务流程的干扰。

根据康威定律可知，组织架构对系统架构有着很大的影响。简单来说，有什么样的组织架构就会有什么样的系统架构。而反过来看，企业需要怎样的系统架构，就能够通过调整组织架构得到。因此，若想提高组织对需求变化的反应速度，就应当从调整系统架构入手，如图 4-10 所示。

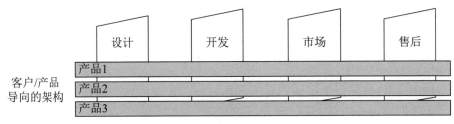

图 4-10　康威定律产品导向架构

例如，某互联网企业曾在企业内部发布了一条指令：所有团队都要以服务接口的方式提供数据和功能，不允许任何其他形式的交互操作，比如直接链接、共享内存等。而且企业的所有服务接口，必须以公开作为服务导向，在研发时默认接口可以对外部人员开放。

首先，使用接口是为了让团队的服务数字化、线上化。除了基本的数据输入与输出外，接口的定义文档还可以描述接口本身的性能、容量等，将团队的责任范围数字化。

其次，以公开作为服务导向，是将企业的内部调用者与外部人员一同看待。基于安全原则，团队之间既是协作关系，又是竞争关系；既要服务用户，又要防止用户胡乱使用接口。

最后，不遵守规定就开除。这使得企业内部自上而下严格执行这一指令。

从表面上看，这是该企业技术架构的调整，然而实际上这次技术架构的调整理顺了各团队之间的权、责、利关系，使传统团队开始向产品化团队转变。

只要一个团队能够以一个创业团队的模式独立运营存活，那么它就是一个合格的产品化团队。

将产品的边界作为组织架构的边界、将产品责任落实到团队个人、以能力维度来划分团队责任范围、用规划驱动团队运行等一系列措施本质上是将团队的能力市场化。如果再引入内部竞争，例如同一个企业内部可以选取几个团队同时开发同一个项目，那么就可以最大程度地激发团队的活力。

各团队产品化之后，系统架构的各个模块会变得高内聚、低耦合。系统架构的调整会导致组织架构自然而然地调整，企业的业务流程也会随之发生改变，得到进一步的优化。

4.3.2　高效地沟通与协同，建立高响应组织

决策缓慢、部门目标和优先事项相互冲突、规避风险的文化和基于孤岛的信息等因素会影响组织的响应速度。而组织敏捷性决定了企业在动荡时期的生存和发展方向。

数字化的商业模式不仅可以为企业提供数据、组织与技术等多方面的支持，还可以消除空间与时间的限制，降低团队成员的沟通成本，进一步发挥团队成员的作用。数字化技术的发展不仅推动了企业内部人际生态的发展，同时也推动了企业与用户交流沟通的发展。随着数字化生产的不断改革优化，企业内部高效地沟通与协同也愈发重要。

敏捷团队一般会拥有强大的中后台以及给予充分授权的小前端，以用户为中心，进行定制化服务。敏捷团队的组织内部实行自下而上的共治理，采用 OKR（Objectives and Key Results，目标与关键成果法）进行团队考核。同时，敏捷团队会建立多元生态体系，以合资、合作伙伴、连锁经营、研究协会等形式和生态链上的企业展开合作，并通过高质量的服务，让那些企业产生依赖，从而获取长期利益。

敏捷团队强调团队内部与团队之间的协作与沟通，强调快速反馈与及时响应。敏捷团队一般采用虚拟和实体两种形式运作，其目的是建立小而全的业

务闭环。敏捷团队通过小前端与中台的全面管控打通信息交流壁垒，在企业内部通过不断分裂，保持小团队运作，降低管理复杂度。

为了实现组织内实时的沟通，团队会议必不可少。

1. 计划会议

计划会议标志着项目的开始。所有相关成员都要参加计划会议，以实现利益目标的统一性。在会议上，参会者可以分析、评估现有的产品能否满足用户需求。例如某企业在裂变分享活动中，通过梳理已有产品的功能板块，发现领取优惠券、核销等一系列功能都已具备，就可以将优惠券作为原子服务，只需要稍加调整，满足本次裂变规则即可。计划会议最主要的任务是确定最有价值的目标，换言之，也就是确定最紧急、投资回报率最大的目标。

2. 例行会议

例行会议与计划会议很像，只是频率较高。例行会议的主要目的是明确目标，例如项目进度、下一步的方向。例行会议主要是回顾之前的成果，讨论现阶段的目标。它是将计划会议的总目标拆分成一个个阶段性的小目标。例行会议可以明确项目进展，同时检验研发团队的理解是否存在偏差，以及时进行调整。

3. 评审会议

评审会议主要针对产品的测试而召开。在产品研发完成后即可对其进行测试，这样开发人员便能够快速寻找到产品的 bug，降低后期的优化成本。无数研究与实践证明，修改 bug 的成本会随着时间的推移而增加。

4. 回顾会议

回顾会议通常在一个阶段的工作完成后召开，用来回顾工作完成的情况，总结工作中的经验与教训。回顾会议的核心就是总结，不仅要总结，还要针对性地提出解决方案，避免在后续的工作中再次犯同样的错误。

4.3.3 目标一致的敏捷团队

在企业进行数字化转型的关键期，拥有一个目标一致的团队是至关重要的。大到对企业发展战略目标的要求，小到如何研发产品模型，团队的目标始终都要保持一致，即使过程中会出现分歧，但最终仍要趋于统一的目标。

在将企业的整体战略愿景拆分成数个阶段性目标后，团队还需要对目标的实施路径、执行方式等有清晰的认知，从而确保企业的战略目标能够有序地推进。同时，团队内部还需要综合考量执行团队的成员结构以及成员的个人能力，从而有目的地匹配资源，使实施路径具象化。这些措施都是为了确保企业能够拥有一支或多支目标一致的团队，只有这样才能够驱动企业在数字化转型的道路上越走越远、越走越好。

下面以 C 企业为例进行详述。C 企业是一家营业额增长较快的金融科技企业，企业内部每 5 人就是一个项目团队，各个团队独立运作，能快速试错和调整，企业负责向各个团队提供资金、流量等支持。每个团队都拥有和 C 企业战略愿景一致的目标，这样充分刺激了组织内部活力，也充分挖掘了员工的个人潜力，使各个团队保持目标统一的同时也大大提高了工作效率。

在目标一致的团队中工作，团队成员会感觉工作是有意义的，从而他们更有积极性与自主性去实现自我目标与团队目标。那么企业该如何建立一支目标一致的团队呢？

为了形成有战斗力的团队，企业需要以团队而非个人作为最小单元。一个团队 10 人以内，由产品人员、技术人员、管理人员等多种职能的人员构成。产品人员、技术人员、管理人员是团队中的"铁三角"（如图 4-11 所示），能够保持团队的稳定性，保障团队高效交付迭代产品。稳定的敏捷团队可以作为对一到多个产品长期负责的产品交付团队，形成稳定的战斗力。

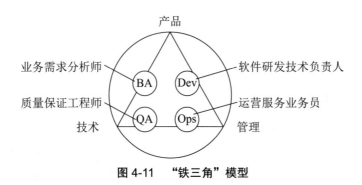

图 4-11 "铁三角"模型

在敏捷团队中"铁三角"的职能有 3 种。

1. 产品人员负责产品价值交付

敏捷团队的产品从用户、业务和技术角度出发，驱动产品的价值，规划产品路线图和版本。产品人员负责需求优先级管理、需求拆分，全程参与需求实施、验收以及上线后的用户运营和反馈。

2. 管理人员负责敏捷团队的运作流程和规范

管理人员协助产品人员实现产品业务目标，并促使团队效能持续改进，对产品团队具体工作提供指导，应用敏捷原则识别问题并推动改进；同时激发团队成员工作热情，保证成员持续成长和高效工作。

3. 技术人员负责敏捷工程实践落地

技术人员根据业务需求，负责产品的架构设计、代码质量、持续交付，协助 PO（产品负责人）实现产品业务目标；研究前沿工程实践，掌握行业动态，并保证团队成员的技术能力不断提升。

那么企业该如何建立一支目标一致的敏捷团队呢？

首先，要保证敏捷团队的透明度，在进行企业数字化转型之前，企业领导层都会对企业自身的状况做一个评估，确定数字化转型的挑战与机遇是什么，而评估的结果一定要对员工公开。企业转型会面临裁员或增员的问题，裁去哪些部门、增设哪些部门，这些结果都要提前对员工说明，否则员工也不会心甘情愿地与团队、与企业站在统一战线。

其次，随着敏捷团队的运作逐渐成熟，敏捷团队会通过在组织内招募、推荐和选拔的方式专门培养"铁三角种子"。管理人员在敏捷组织中的角色会转换为赋能者。他将为团队赋能，给"种子"培育沃土，对"种子"进行辅导。

敏捷组织、敏捷团队以用户为中心，为响应市场需求而快速组建。用户是敏捷团队所有任务的核心，敏捷团队的所要面临的核心问题是：如何帮助用户？用户可能是合作伙伴，也可能是市场用户，还有可能是团队内部的成员。敏捷团队会通过调整组织阵型，从技术架构、管理等多方面入手，为用户获得良好体验保驾护航，如图 4-12 所示。

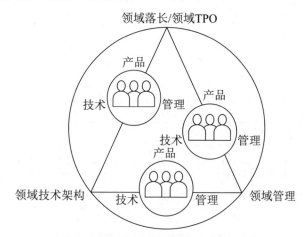

图 4-12 领域组织阵型和部落"铁三角"

敏捷团队是高效的多角色协作团队。在价值流和用户旅程的指导下，能够连接任何组织中存在的孤岛。同时，敏捷团队能够快速实验和创新。团队无须长时间的交付和追求完美，而是快速尝试新想法并将其快速推广给用户。他们每隔几周就会推出新功能并快速发布新版本的产品，在接下来的一段时间内优化产品功能并实现扩展应用。

4.3.4 强健的工程体系

企业若想顺利推进数字化转型，不仅要引入数字化的生产理念，还要引入数字化的技术为企业的工程体系赋能。数字化转型是一个长期的过程，并非一蹴而就，只有打造一个强健的工程体系，才足以支撑企业成功实现转型。

企业建立工程体系的目的有两个：一是加速客户需求的生产；二是提供更稳定、更快速、更好的产品体验。完整的工程体系如图4-13所示。

首先，企业要利用需求管理平台沉淀用户数据，排列用户需求优先级。数字化时代，一家能够将数据与原有工程体系进行有效整合的企业，也拥有更大的经营优势。如何对产品数据、用户数据进行整合、挖掘、分析、预测，已经成为企业建设强健的工程体系的重要课题。

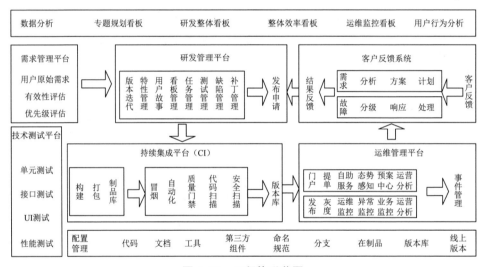

图 4-13　工程体系蓝图

数字化工程体系的本质是对企业生产流程的各个环节重新进行定义，生产流程的数字化程度决定了企业数字化转型的起点以及核心路径。传统企业需要在实现业务的系统化、在线化、信息化后，将自有数据进行沉淀、整合以及数据化处理，最终实现业务智能化。

随着数字技术的发展，企业关于用户行为的数据记录越来越详尽。如今，企业可以将各个渠道内蕴含用户消费习惯、使用偏好、个性化需求等高价值的数据收集起来。如果能将企业的自有数据进行沉淀，并根据用户的行为偏好不断调整，就可以建立更精准、更立体的用户行为模型，从而为企业实现数字化转型提供最有力的支撑。

在建立用户行为模型后，企业可以更准确地了解用户需求，从而将产品信息和优惠活动精准投放给需求用户，为用户提供便利的个性化服务，最大限度地实现用户转化率和用户活跃度的提升，增加企业的盈利点。这些沉淀的数据是构建一个完整的工程体系的基石。

例如，苹果公司推出的服务：每位用户在使用新的设备之前，都会收到弹窗，询问其是否愿意与苹果公司共享自己的偏好数据。基于此，苹果公司就可以为用户提供更好、更加个性化的服务。

其次，要构建功能完整的研发管理平台，做好产品的迭代优化。有了明确的战略愿景和目标一致的团队，做好了用户数据沉淀，接下来企业就需要按照用户需求改进自己原有的生产体系，使其适应市场的变化。

在持续集成平台上，依托于多种先进的数字化、自动化技术，企业会不断地更新自己的产品生产线，确保产品的迭代能够高效完成。

以马扎克机床制造商为例，在沉淀用户数据的同时，该企业还在不断更新自己的生产线，让用户可以用他们的智能自动化机床高效制造出更多高质量的产品。如果没有过硬的工程体系支持，软件再好，也无法满足客户对高质量的产品的需求。

最后，利用好客户反馈系统，将客户的新需求以及反馈的 bug 都收集起来传递给产品研发管理平台，进行版本的迭代优化。因此，当产品被销售出去之后，企业也要对客户使用情况跟进一段时间，确保产品的质量，且确保客户操作正确，必要时还可以为客户提供一定的技术支持和辅导。如果产品出现问题，客户给了反馈，企业一定要与客户保持联系，第一时间联系技术人员进行检查维修。

4.3.5　小米如何持续推出爆品

人们把卖得好、深受用户喜爱的商品称为爆品，但互联网时代之前的每一款爆品几乎都是昙花一现，并没有受到人们的持续关注。而如今互联网时代的爆品，不仅卖得好，在线上线下有大批粉丝，而且品牌乃至品牌的创始人，都成了粉丝眼中的风向标。在这些爆品中，小米的产品占有一席之地。

小米是人们公认的"现象级公司"，它于2010年正式成立，仅仅5年时间，其业绩就在全球位居前列。几乎小米的每款产品都是爆品，一经推出就广受好评。小米在互联网行业沉浮10余年，与它同期的一些企业已经淡出了人们的视线，而小米为何能取得亮眼的成绩呢？仅仅凭借手机销量多吗？当然不是。答案很简单，那就是小米抓住了数字化生产的关键——紧跟用户需求变化，实现产品快速迭代。

小米创始团队的成员大多出身于谷歌、微软、金山等老牌互联网企业，本身就有着深厚的互联网背景，而小米的董事长雷军又有着极其敏锐的商业嗅觉，从一开始就决定了小米初创时期的核心产品不是智能手机，而是先基于Android系统定制化，通过产品的迭代和优化，使小米满足用户的使用需求，最终开发出适合于国人的手机操作系统：MIUI。而在这个过程中，为了更好配合小米手机的使用，小米又逐步推出了一系列小米智能家电，全方位、多方面地满足用户的需求。这些都为后来小米产品的热销奠定了基础。

在小米成立之初，它并没有足够的资源去实现自己的整体设想。没有技术人员，没有资金支持，也就无法对MIUI的相关功能进行及时迭代和优化。对此，小米的管理人员别出心裁地想到了一个办法：在保证系统基础功能稳定的基础上，借助互联网的优势，将新品的优缺点坦诚地展示给用户，让每一位用户都参与到MIUI的迭代更新中。小米联合创始人黎万强曾表示，小米组建了一个10万人的团队帮助小米进行产品更新迭代。小米的10万人互联网开发模型如图4-14所示。

小米MIUI系统的第一版于2010年发布，当时只有100个用户。而一年之后MIUI拥有了50万用户，这50万用户全部来自用户的口碑。而小米也抓住机会，推出了社区社交App——米聊，使每位"米粉"都参与到产品迭代中来。通过这种高强度的用户线上交互，小米获得了许多在实验室状态下无法获得的自然反馈，而依据这些真实的用户数据，小米研发部门就可以迅速做出反应，及时对MIUI系统进行更新迭代。

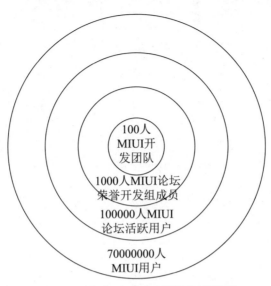

图 4-14　小米 10 万人互联网开发模型

MIUI 的开发团队创建了"橙色星期五"的开发模式，以开发团队和用户在论坛中的互动为核心。系统每周一更新，周五集成开发版，用户可以在论坛进行投票，从自身需求角度出发为产品改进提意见，并生成"四格体验报告"。同时，小米还推出了更加一目了然的使用报告，让用户可以通过在线操作日志进行更专业的反馈。

除了发布试用报告外，小米还推出了视频功能演示，以更加清晰的展示方式告诉用户产品在哪里进行了调整。因为有的用户对产品升级不敏感，很难感知到产品的新功能，而利用视频演示，产品的每次升级用户都可以感知，甚至能知道哪方面是根据自己的建议改进的。用户的反馈极大地减少了小米的迭代成本，节省了大量开发测试资源，甚至通过用户的口碑传播为自己的产品免费打了广告。

这种互联网用户开放式参与的方式实际上就是一种中心化的产品迭代思路，符合小米平等、创新的公司文化内涵。用户参与产品迭代使得小米在进行风险控制的基础上最大限度满足了用户的需求，同时又大大降低了迭代的成本，而且在无形之中为自己进行了口碑宣传。这些正是小米不断产出爆款的根本原因。

第 **5** 章

用户需求管理：整合数据，实现精细化管理

以用户为导向进行决策是企业数字化转型的一个重要标志。许多企业的用户运营人员，一直都不明白用户需求管理的具体内涵是什么。他们总是自以为是地给用户提供一些功能，却没有在意用户是否真的需要。想要顺利完成数字化转型，提升生产、经营效率，走近用户、了解用户是必不可少的一步。

5.1 洞察用户需求

管理用户需求前，企业需要敏锐地洞察出用户需求。这是一切工作的前提。只有充分了解用户，企业才能更好地调整生产和经营战略，从而促进用户的留存与产品的盈利。

5.1.1 如何快速划分用户

洞察用户需求的第一步是划分用户，即先找到企业的目标用户范围，根据目标用户以往的消费习惯和特点，满足用户现有的甚至是未来的消费需求。

根据市场维度，企业可以将用户划分为一、二线城市用户，三、四线城市用户，农村及五、六线城市用户。需要注意的是，城市与农村之间的经济水平存在较大差异，城市居民和农村居民的消费观念与消费能力明显不同，这是用户的基本特点和初始差异。另外，企业还可以根据面向的用户群体是个人还是企业继续对用户进行细分。而根据用户的需求维度，企业可以根据不同用户对产品种类、产品等待时间、服务体验等方面的需求选择不同的产品侧重点。

1. 一、二线城市用户

根据面向的用户群体不同，企业可以将用户市场划分为面向个人用户的C端市场和面向企业用户的B端市场。C端市场的个人用户以消费能力和消费意愿较强的职场白领和学生为主，而B端市场则按照企业用户规模划分为大型企业和中小型企业。

一、二线城市经济发达，用户的消费水平相对比较高，因此产品种类五花八门。其中职场白领的日常工作和生活的节奏都很快，因此他们对于产品、服务的等待时间有着较高的需求。例如在午休时间购买一杯咖啡，职场白领是不会选择在网红咖啡店前排一个小时的队的，他们更倾向于选择无须等待太长时间的流水线式咖啡店。此外，职场白领注重产品的品质，作为收入水平较高的群体，他们不太在乎省钱，而是更在乎省心。一件价格昂贵但品质过硬的产品会为他们快节奏的生活省去很多烦心事。

而作为消费意愿很强的个人用户，学生群体则更注重产品的服务体验，而且他们最不缺少的就是时间。因此与职场白领不同，他们可以花费几个小时排队购买一杯网红咖啡，只为获得不一样的服务体验。

而企业用户与个人用户的最大区别在于产品所面对的群体不同。面向 C 端市场的企业很大一部分工作是将产品做好然后交付到客户手中，客户基本上都是即时消费，售后服务也不会持续太长时间。而对于面向 B 端市场的企业来说，订单从预订到交付，需要很长一段时间，企业用户的专业性要求更高，更加注重投入产出比，也更加注重长期合作。因此，一、二线城市的企业用户更加重视产品的质量以及投入的成本。

面向 B 端市场的企业不仅要拥有先进的技术以进行产品研发，还要对用户所涉及的业务有足够的了解。只有在营销过程中展现出极高的专业性，产品才能得到用户的认可和信任。对于面向 B 端市场的企业来说，不专业就意味着本来能达成合作的用户可能会流失。

而且面向 B 端市场的产品的使用场景比较复杂。例如，一家面向 B 端市场的企业要为做包装的企业提供服务，而做包装的企业所面对的目标对象非常多元，有可能是化妆品企业，也有可能是食品、服装企业等。这反映出一个事实：面向 B 端市场的企业必须具备提供定制化解决方案的能力，同时还要对多个领域有足够的认知，否则就很难在市场上站稳脚跟。

2. 三、四线城市用户

相比于一、二线城市的个人用户的消费水平，三、四线城市的个人用户的消费水平会弱一些。他们的工资收入不足以支持他们时常购买价格昂贵的产品，但他们拥有较为充裕的空闲时间。因此相比于一、二线城市的个人用户，三、四线城市的个人用户更加注重产品的价格，而不太在乎等待时间。例如购买同样品质的咖啡，一份价格为 10 元但是需要等待 30 分钟，另一份价格为 20 元只需要等待 10 分钟，大多数三、四线城市的用户会选择前者。

三、四线城市的企业用户也同样重视产品的价格和品质。但不同的是，他们面对的场景并没有那样复杂，因此对于产品的种类他们也没有过多的要求。

3. 五、六线城市及农村用户

农村和五、六线城市的经济水平发展一般，用户的购买力也不如一、二线城市那般强大。这些用户群体的第一需求是省钱，他们希望产品的价格越低越好。另外，受制于经济发展水平以及人们的教育水平，用户对于精神需求得到满足的欲望远不如功能需求那般迫切，因此，产品服务体验和产品种类的需求优先级也相对靠后。

而农村及五、六线城市的企业用户绝大多数都是中小型企业甚至是一些家庭式作坊，他们的专业性水平远没有大城市的企业用户那样高，对于建立长期生态合作也没有明确的概念。因此，对于这些企业用户来说，在需求方面优先级最高的是省钱，产品的服务体验以及品质等需求都需要往后排。

对于一、二线城市以及三、四线城市的个人用户来说，他们对于产品的情感需求较高，他们更追求精神上的慰藉。这些用户购买产品并不仅仅是购买产品本身，更多的是购买产品所带来的服务，希望缓解大城市中快节奏的工作带来的身心疲惫感。而对于农村及五、六线城市的用户个人来说，产品的功能需求是排在首位的，受限于消费水平，一个功能齐全的产品就足够满足他们的日常需求。对于所有企业用户而言，功能需求永远是放在首位的。总而言之，面向 C 端市场的产品是为了让用户用得舒服，而面向 B 端市场的产品是为了帮助用户解决问题。

5.1.2　第一人称视角感受需要

在挖掘用户需求时，企业要以用户的第一人称视角感受需要，即站在用户角度分析其需求。而需求不外乎有两种：一种是功能需求，另一种是精神需求。站在用户视角，设计思维不仅以人为中心，还是一种全面的、以人为目的、以人为根本的思维。

设计思维是以人为本的设计精神与方法，考虑人的需求、行为，考量科技或商业的可行性。它是从用户角度出发，将分析性思维和直觉性思维相结合，运用发散与收敛的方法探索各种不同的可能性。例如在小米的设计理念中，包含了 70% 的理性与 30% 的感性。当然，仅依靠个人的力量是无法实现设计思维的落地的，它需要一个拥有共同愿景的团队进行协作。

设计思维依赖于人的各种能力，例如直觉能力、辨别模式的能力、构建既具功能性又能体现情感意义的创意的能力，以及运用各种媒介表达自己的能力。这些能力可被概括为里、外两个方面。里就是企业管理者发现的，市场上缺少某个产品能够满足企业的某一需求；而外就是倾听别人的想法、抱怨，别人抱怨的内容一定包含未被满足的需求。需求的一个重要来源就是用户的抱怨、谩骂甚至攻击。

斯坦福大学设计学院（D.school）提出了设计思维五步骤方法论。谷歌风投（Google Venture）将这一方法论和精益创业合并应用到创业和创新中，他们将新的方法论命名为 Design Sprint。设计思维五步骤分别是：移情、定义问题、创想、快速原型、测试，如图 5-1 所示。

图 5-1　设计思维五步骤方法

1. 移情

移情也被称作共情，是心理学上一种能够感受被分析者的感受的能力。在用户需求管理中，移情是站在用户的角度看待问题。移情的第一要义是观察与倾听，与用户交谈，感知用户所感知到的体验。

2. 定义问题

在观察和感知用户体验的过程中，要学会寻找用户的需求问题，并定义问题。设计思维与其他创造性解决问题思维的区别主要就体现在移情与定义问题这两步。很多人认为创新最大的体现是解决方案的创新性，实际上，创新要从定义问题开始，因为设计思维的流程首先要做的就是对问题的重构。

3. 创想

当问题重构完成后，企业要针对问题尽可能多地提出各种解决方案，然后将其中最好的、最切实可行的思路或方案落地。

4. 快速原型

在想出方案之后，企业需要把这个方案展示出来，即建造一个模型，使方案视觉化。这也是设计思维与其他创造性解决问题思维不一样之处。

5. 测试

企业需要对原型产品进行测试，看其是否是一个合格的解决方案。如果它并不合适，就需要对方案进行迭代或者回到第一步，再次进行问题重构。

5.1.3 如何进行需求调研

根据定性和定量的分析方法，企业可以用 4 种方法进行需求调研，如图 5-2 所示。

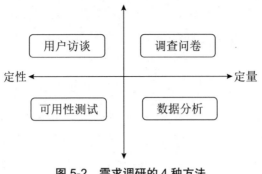

图 5-2　需求调研的 4 种方法

1. 用户访谈

用户访谈就是通过一对一或者一对多的形式和用户进行面对面的交流。在访谈中，企业通常需要了解用户主要的需求，然后请用户对各种需求进行优先级排序，最后企业可以向用户寻求改进意见。

用户访谈有很多优点，面对面的方式拉近了企业与用户之间的距离，企业可以根据问答的实际情况随时调整问题，获得更全面、真实的用户需求。而且用户访谈适用于所有人群，哪怕是一些业余人士也可以准确描述自己的需求。

当然，用户访谈也有一些缺点。首先，面谈的成本会高一些，双方需要就时间和合适的地点进行协商。其次，访谈人员在访谈过程中难免会带有一点主观性，有时甚至会误导用户的观点。所以访谈人员要多听少说，不要发表自己的看法或者引导用户说出自己想要的观点。最后，因为用户访谈比较耗费时间，所以通常访谈的用户数量有限。样本数量太少，可能会导致最终结果发生偏差，可信度较低。因此企业也要采用其他调研方式，互为补充，使用户需求的调查结果更加全面、可信。

2. 调查问卷

调查问卷是一种定量研究法，一般通过线上或线下的方式向用户发放调查问卷，来收集用户需求。通常的流程是设计调查问卷的大纲和问题，向用户发放问卷，回收问卷，最后企业对回收的问卷进行整理和分析，提炼出用户的需求。一般企业会在用户访谈之后，采用这种方式进行补充。调查问卷设计的题目主要包括用户的需求及重要程度、用户对产品的满意度、用户对产品改进的建议等。

调查问卷的成本低，所以企业可以调查的样本数量大，通过大量数据来验证用户需求，可靠性强。调查问卷比较客观，问题是封闭式的，可以避免访谈的主观性。但是采取调查问卷的形式，也可能因为用户不配合，导致一些样本是无效的或者有偏差的。这时企业可以适当采取一些激励措施来提高用户的配合度，如有奖调查。

3. 可用性测试

一般企业会邀请一些忠实的用户使用企业的产品，然后根据他们的使用情况和反馈结果，了解用户对产品的需求。

可用性测试一般是现场观察，企业可以很直接地了解用户使用情况以及使用感受。与用户访谈一样，可用性测试也是一种定性研究法。在进行可用性测试时，切忌引导用户，要尽量给他们一个安静、舒适的使用环境。而且不要在中途打断用户，要多进行观察和聆听，在用户使用过后再与用户进行访谈。需要注意的是，因为用于测试的产品数量有限，企业要邀请有代表性的用户参与测试。而且测试前要告诉用户是测试产品而不是测试用户，以减轻他们的心理压力。

4. 数据分析

数据分析就是在产品中植入统计代码，通过产品的后台程序，得到用户的使用数据，然后根据数据分析用户需求。企业首先要确定想要得到哪些数据，然后再进行相对应的埋点统计。数据收集的数量要尽可能多一些，整理完数据后，把统计结果量化、图表化。

数据基本分析法多以基础的统计分析为主。下面是几种常用的数据分析方法。

（1）对比分析。分析对象一般为相互联系的两个指标数据，它主要用于展示、说明研究对象水平的高低、速度的快慢、规模的大小以及各关系之间是否协调。

（2）趋势分析。将实际达到的结果，通过比较同类指标不同时期的数据，继而明确该指标的变化趋势以及变化规律。

（3）分组分析。对产生现象的内部因素或现象之间的依存关系进行研究。

（4）差异显著性检验。这一方法的原理是"小概率事件实际不可能性"，判断事先对总体的参数或分布形式做的假设与真实情况是否存在显著性差异，即检验总体所做的假设是否正确。常用方法有独立性参数检验、卡方分析等。

（5）结构分析。通过指标来解释企业资源结构分布、生产布局的状况，这便于经营者调整经营战略、投资者做出长期决策。

（6）因素分析。根据分析指标与影响因素的关系，确定不同因素对分析指标影响程度以及影响方向。

（7）交叉分析。指将有一定联系的两个变量及其值交叉排列在一张表内，分析交叉表中变量之间的关系，常用的是二维交叉表分析法。但需要注意变量间的关系不一定是因果关系。

（8）综合评价分析。将多个指标转化为一个能反映综合情况的指标进行评价分析。

（9）漏斗图分析。将业务流程转化率和流失率直观展示出来，同时可反映流程中的重要环节。

5.2　提炼用户需求

很多企业都遇到过这样一个问题：根据用户的建议调整产品之后，用户的反响并不好。这可能是因为用户也不知道自己想要什么。乔布斯就曾说过："用户可能并不知道自己想要什么。"用户并非专业的产品经理，企业不能把用户所有的需求照单全收，要学会取舍，提炼出用户的真实需求。

5.2.1 筛选过滤假想需求

当企业完成对用户需求的收集后，要先筛选过滤假想需求，完成提炼真实需求的第一步。这里通过几个案例来详述筛选过滤假想需求的方法。

1. 不要被既有方式束缚

很多人在初次使用优步时，都有一个疑问：觉得它的服务缺少预约环节。对于这个疑问，优步的管理者认为预约环节存在弊端。

例如，一个乘客需要在早上 6 点赶往机场，如果他预约了一个车，那么司机 5 点钟就需要起床，之后把这个乘客送到机场，大概需要花费半个小时。做完这一单司机可以赚 50 元，但是他却花费一个半小时。这对他来说付出的时间成本是大于回报的。而且到了机场之后，司机也很难刚好接到下一个订单，这样他的效率就会很低。

2. 从用户角度出发思考问题

想把产品做好，企业就要把自己代入用户，站在用户的立场上去思考问题。

360 董事长周鸿祎曾经举了一个例子，产品研发部为了使路由器的外观漂亮，把路由器的天线做成了内置的。但是这样路由器的信号就会稍微差一些。而用户买路由器首先考虑的就是信号问题，并非外观。显然这个路由器的设计就是没有站在用户的角度考虑问题。

3. 精益迭代

小米手机就是通过精益迭代来验证用户需求的。小米刚开始在网上卖手机时，曾做了 3 天的测试。测试内容很简单，目标是每天只卖 200 部手机。结果发现市场销量很好。每天限定 200 部手机进行销售，是小米饥饿营销的起点，也正是这一模式牢牢地吸引了用户的目光。

所以，企业刚推出产品的时候，可以先用一个简单的初始版本来验证用户需求，测试用户的接受程度和市场的大小。

4.考虑用户使用的场景

结合用户使用场景，满足用户需求，有利于提升用户的使用体验。

例如某企业市场营销员在工作中经常需要出差，每月至少出差 3 次，而报销则要等到月底。通常该市场营销员的出差流程是：接到上级通知，发起出差申请，待审批通过之后自行预订车票与酒店。但有时候出差行程会临时有变。在确认出差和差旅预订的环节，估算出差费用是最主要的问题，因为这需要该市场营销员自行垫付。而且企业报销有一定的额度，他需要确保包含行程变更费用在内的花销不会超标。

针对此类用户的需求和痛点，企业可以开发一键语音出差通知功能，免去审批的烦琐流程。而且还可以针对不同员工的层级和不同事情的紧急程度，开放不同范围的免审批权限。同时，为了满足用户减少个人垫付的需求，企业可以利用数字化平台，将差旅标准透明化，以防费用超标无法报销。

在出差过程中，该市场营销员需要在入住酒店以及打车时索取发票，用于报销。纸质发票不易保存，容易丢失。企业需要扩大对公支付范围，或者采用利于保存的电子发票。

而在出差结束后，该市场营销员需要花费时间专门整理发票，将出差期间内的所有发票分门别类地进行报销。报销需要提交申请，并且需要等待一段时间，审批通过后，钱款才会打入账户。而报销单填写的形式也会随着报销分类的不同而不同，因此企业开发实时指导报销流程的 AI 助手很有必要。

将这位市场营销员的差旅流程做成一张图表，我们就可以更加清晰地看出其中所蕴含的机会点，如图 5-3 所示。

企业要通过考虑用户使用产品的场景，明晰用户在各场景下的用户行为和目标，了解用户在使用过程中的情绪变化，以寻找痛点和机会点。用户使用产品的场景是决定产品是否受欢迎的一个重要因素。为了验证用户需求，企业需要考虑各种用户不同的使用场景。

市场营销员差旅体验地图（岗位：市场营销员；出差频率：3~4个月/次；报销习惯：月底统一报销）

行为路径	出差确认	差旅预订	差旅过程中	整理发票	差旅报销
具体行为	接到出差通知 发起出差申请 等待审批通过	筛选车票、酒店 预订车票、酒店 修改订单（行程变更）	使用车票、酒店、 用餐、打车 索取并保留发票	清点或分类发票	按要求报销差旅费 等待报销通过 确认报销到账
用户目标	简单高效发起申请 审批快 （特别是紧急情况）	符合差旅政策 减少个人垫付	避免发票丢失/漏拿 减少个人垫付	高效管理发票	按要求填写报销单 透明的补贴说明 实时了解报销进度
情绪变化	很棒 不错 一般 较差 很差				
痛点	如何估算费用 需等待领导审批	不确定是否超标 不知道超标了如何处理 变更费用谁承担	需谨慎保管发票	需专门花时间整理	不知填写规则 不确定是否填写正确
机会点	一键语音出差 免审批/先预订后审批 （紧急出差/信誉良好员工等）	预订时实时提醒标准 差旅标准透明化	扩大对公支付范围	管理规范 （如边用边记账）	实时指导报销 （如小K）

图 5-3　市场营销员的差旅体验地图

5.2.2　挖掘用户的最终目的

除了过滤产品的假想需求外，企业还要明确用户的最终目的，即用户最迫切的需要和困惑。产品的所有功能的开发都要以用户的核心需求为前提，否则这个产品是不具有价值的。

希捷公司曾与京东合作推出一款产品——乐备宝。乐备宝是一个针对手机而研发的带有外部储存功能的移动电源设备，适用于安卓系统的手机。乐备宝将移动电源和外置储存合为一体，首批产品的存储空间为1T，也就是1024G。

为什么要设计如此大容量的内存呢？首先，手机内存分为RAM和ROM，RAM是手机的运行内存，ROM是手机的存储内存。运行内存与软件运行的流畅程度相关，而存储内存与可以下载的软件量、可存储的文件量相关。

随着智能手机的普及，手机逐渐成了人们生活中不可分割的一部分。人们不仅可以用手机接打电话、发送短信，还可以移动支付、浏览新闻、观看直播等。手机功能多样化的同时，需要下载的软件也越来越多，从最初的8G到现在的

128G、256G，手机的存储内存越来越大。

但实际上，很少有人会因为内存不够而更换手机，因为性价比太低。但内存不够这个问题又确实困扰着一部分用户，于是乐备宝就应运而生了。用户可以把一些不常用但又必须保留的文件、视频、图片等转移到乐备宝中，这样就可以为手机节约出一些空间来运行重要的软件。

乐备宝只有外部储存和充电两个功能，这是针对人们对于手机的基本需求而设计的。而且两种功能合二为一，给用户减少了使用麻烦。另外，乐备宝还配备了 USB 3.0 的高效传输接口，让用户的数据传输更有效率。

虽然如今手机价格下降，内存扩大，人们不再需要像乐备宝这样的产品。但在手机价格并不便宜的时代，乐备宝确实解了一部分人的燃眉之急。

在挖掘用户的最终目的时，企业需要把握 3 个关键点，如图 5-4 所示。

图 5-4　挖掘用户最终目的的 3 个关键点

1. 精准

精准的意思是聚焦于一点。用户的需求可能有很多，但企业不可能替用户解决所有问题，只能解决其中的一个。事实上，没有一家企业可以把所有产品做好，即使可以，也要推出一个主产品作为品牌的标志，否则品牌会缺少特点。

2. 痛点

用户的痛点有显性和隐性之分。显性痛点是指用户能够自我知觉并表达的痛点。隐性痛点是指用户不为人知的需求，有时甚至连用户自己都不太明确，却又实际存在。

隐性痛点是最不容易被发现的，显性痛点是比较容易被发现的。很多企业都针对显性痛点开发产品，由此带来了产品同质化严重、市场竞争激烈的问题，也导致了很难有出色的产品脱颖而出。对此，企业要做的是寻找没能被解决的需求，针对它开发产品，这样才能打造产品竞争力。

3. 通道

企业可以通过第三方去寻找用户的需求，如用户群、产品评价和意见领袖等。

（1）内部渠道。内部渠道是指企业内部的用户反馈途径，包括官网、微信公众号平台、QQ/微信群等。这些渠道会有不同的反馈频次，因此其重要程度也不同，一般按意见建议＞社区＞产品/服务评价＞QQ/微信群来排序。根据用户反馈的重要程度不同，企业可以识别出哪些是用户的核心需求，从而进行有针对性的产品开发。

（2）外部渠道。外部渠道是指第三方平台。一般第三方平台上会有一些反馈信息，这类信息一般分为口碑和评价两类。口碑常是消费者自发的点评，而评价有时候是在引导下进行的点评。

评价：一般集中于 App 商城或者行业第三方平台，这些平台专业度高、具有公信力，集合了大量同类信息。

口碑：一般集中于微博、知乎和贴吧等平台，这些平台热度高、用户数量多、言论自由，所以常会有用户发表一些基于实际体验的评价。

（3）意见领袖。上述渠道中有大量庞杂的信息，使企业很难从中识别出用户的核心需求，而且企业也不可能把全部的资金和人力用在识别用户需求这一个步骤上。因此，找到意见领袖就是挖掘用户最终目的的一条捷径。

所谓意见领袖是指在用户中有话语权的人，他们一般是产品的资深用户，会对其他新人用户的决策产生影响。企业可以在一些第三方平台上观察哪些用户的评论引发的互动较多，这些用户就是意见领袖。他们对产品更了解，所以意见也相对更专业，企业更容易在这些用户的评论中发现用户的核心需求。

5.3　用户需求分析模型

合理利用工具能帮助企业更快发现用户需求，下面介绍 3 个常见的用户需求分析模型，即 KANO 模型、马斯洛需求模型以及成就需要理论。

5.3.1　KANO 模型

KANO 模型是日本的一位大学教授狩野纪昭发明的，其是一个对用户需求进行分类和排序的实用模型。KANO 模型以用户需求和用户满意度两者的关系为基础，体现了产品和用户满意度之间的非线性关系，如图 5-5 所示。

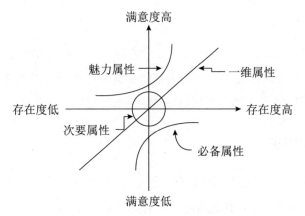

图 5-5　KANO 属性模型示意图

图中纵坐标表示用户的满意度，向上表示满意度高，向下表示满意度低；横坐标表示某需求的存在程度，向右说明需求的存在程度越高，向左说明需求的存在程度低。

根据需求与用户满意度之间的非线性关系，我们可以将用户的需求分为 5 类，如图 5-6 所示。

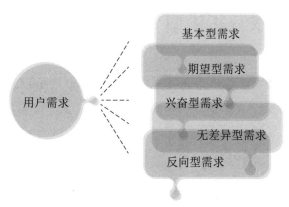

图 5-6　用户需求分类

1. 基本型需求

基本型需求也就是我们所说的刚需，它是最低程度、用户一般不会说出的需求。如果此类需求没有被满足，用户会抱怨、不满；而满足基本型需求后，用户的满意度浮动也不会太大，因为这本身就是一个必需的需求。基本型需求如社交 App 的加好友功能、音乐 App 的听歌功能等。

2. 期望型需求

期望型需求也就是用户的痛点，如果产品能满足用户的此类需求，用户满意度会大幅增加；如果不能满足用户的此类需求，用户的不满也会大幅增加。例如，用户期待音乐类 App 的歌曲越多越好、期待在微信联系人列表中增加分组功能等。

3. 兴奋型需求

兴奋型需求是产品能够给用户提供在用户意料之外的属性或功能。当产品满足了用户的这类需求，用户会感到满足与兴奋，满意度显著提升；但是即使这类需求得不到满足，用户满意度也不会随之降低。

4. 无差异型需求

这类需求无论是否被满足，用户的满意度都不会发生变化，它属于中性的需求，用户对此需求并不在意。例如，一些天气类 App 会显示华氏温度，但很少有用户会关注这个功能。

5. 反向型需求

反向型需求是与用户需求相反的需求。因为用户喜好千差万别，不可能保证产品能满足所有用户的需求。产品满足了用户的这类需求后，用户满意度会显著下降。例如，在付费类 App 上投放大量广告等。

KANO 模型虽不能直接检测用户的满意度，但它可以最大限度地帮助企业了解用户不同层次的需求，是区分用户需求、设计产品功能的重要切入点。

5.3.2　马斯洛需求模型

马斯洛需求模型是由美国心理学家亚伯拉罕·马斯洛提出的。他将人类的需求分为 5 种，如图 5-7 所示。

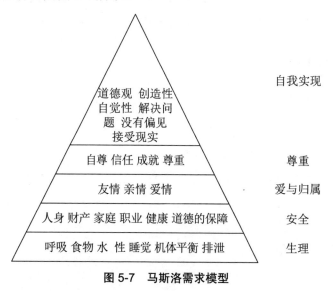

图 5-7　马斯洛需求模型

1. 生理需求

生理需求是一个人最基本的需求，是每个人与生俱来的需求。吃、穿、住、行就是生理需求，是人们维持生命的最基本的需要。

2. 安全需求

这个需求主要体现在社会秩序、人身财产安全、法律、家庭、医疗、道德等各方面，是日常人身安全的必备需求。

3. 爱与归属需求

满足前两种需求后，人们就开始希望能和别人建立起人际关系，希望得到别人的认可。人们都希望在亲朋好友或配偶那里得到爱，而爱也是由心而发的，在不可抗拒的情况下，人们开始寻找归属感。

4. 尊重需求

尊重需求是较高层次的需求。一个人有了稳定的物质基础和人际关系后，会开始追求个人价值的实现，包括他人的认可与尊重、在某领域内的威望等。期盼社会尊重自己，是每个人与生俱来的需要。

5. 自我实现需求

一个人对获得他人尊重和实现自我价值的需求是无止境的。自我实现需求是最高层次的需求，是指实现个人的理想和追求、实现人生价值，包括自己创造性、自觉性地解决问题的能力等。

马斯洛需求模型可以帮助企业快速划分出用户不同层次的需求，找到产品定位。

5.3.3　成就需要理论

成就需要理论是美国的一位大学教授戴维·麦克利兰
（David McClelland）提出的。他把人的高层次需求归纳
为以下 3 种，如图 5-8 所示。

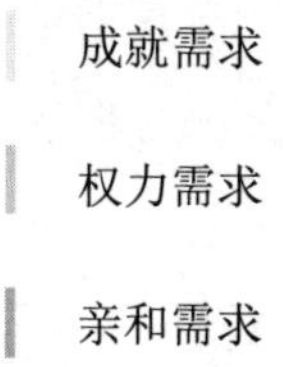

| 成就需求 |
| 权力需求 |
| 亲和需求 |

图 5-8　高层次需求

1. 成就需求

具有成就需求的人一般都有追求完美的品质，渴望把事情做到极致，想
实现自己的人生价值。

2. 权力需求

具有权力需求的人通常会表现出对人和事的掌控欲望，即便没有获得相
应的权力，他们也会促使自己通过各种途径获得权力以实现掌控。同样是追求
成功，成就需求源于想获得个人成就感，而权力需求是为了获得权力地位。

3. 亲和需求

亲和需求就是希望与其他人保持一种良好、愉悦的关系。具有亲和需求
的人渴望被他人认同、看重，追求和他人进行平等的沟通，而且在处事上倾向
于和他人合作共赢。

成就需要理论侧重于关注用户的高层次需求，对企业塑造高端品牌定位
非常有帮助。

5.4　排列需求优先级

用户需求提炼完毕后，企业需要权衡用户需求，并排列需求优先级。权
衡的方法是接受高优先级的用户需求，删除或推迟低优先级的用户需求。如果

客户没有指定哪些需求要最先落地，企业需要综合费用、难度、技术风险等因素做出合理决策，设定用户需求优先级。

5.4.1　产品初期：基础功能 > 利于拉新

产品初期是指一个新产品刚刚上线的时期，也被称为产品种子期，是第一批用户形成的阶段。第一批用户对新产品的问世相当重要，他们也被称作种子用户。种子用户可以为产品提供切实可行的建议，对产品优化有着极其重要的作用。种子用户是产品市场深度不断拓展的基础，对后续产品进入更多市场和质量不断提升有着重要意义，这就如同一棵大树想要枝繁叶茂，其根系就一定要扎得稳而深一样。

但市场上的竞品数量繁多，自家产品应该如何留存种子用户，是每个企业都要思考的问题。种子用户往往是年轻人，他们通常是最乐于尝试并乐于传播新产品的群体，在对产品有着强烈需求的同时，他们对产品的基础功能也有着极高的敏感性。

产品以满足用户需求为目的，以获得用户为目标。用户需求是产品的核心，因此新产品上线需要突出产品的基础功能，以吸引种子用户的注意。在产品初期，企业需要着重分析用户的实际需求，基础功能要优先满足迫切性、紧急性高的用户需求。企业推出代表产品思路、具备最小化功能的可用产品，通过市场运营，快速验证用户需求，检验产品的基础功能是否能留住用户。因此，产品无需完美，只要基础功能明确，主流程可以打通，集成最小化功能的可用产品就足以留存种子用户。

例如，现在的社交 App 巨头微信在 2011 年上线之初，只是一个非常简单的聊天 App。微信 1.0 版本只具备文字聊天、发图片、更换头像 3 个功能，和现在功能繁杂的社交 App 相比可谓极其精简。然而就是这样一个功能简单的 App，却因为其目标明确的基础功能、通畅的主流程，迅速吸引了一大批年轻的种子用户，成功开启微信的时代。

微信之所以能成功，是因为其基础功能满足了用户的社交需求，牢牢留存住核心用户，于是微信能够从名不见经传的新产品摇身一变成为社交 App 巨头。但在产品上线初期，企业也需要为之后打开用户市场、拓宽用户广度打下基础。因此，拉新同样是产品上线初期不可忽略的工作。新产品如同雨后春笋般纷纷上市，拉新的竞争十分激烈。各企业对垂直细分市场的争夺绞尽脑汁，希望可以吸引用户成为自家产品的种子用户。很多产品都推出了奖励机制让用户受益，或者创建趣味活动吸引用户。当然更多的是从实用性下手，希望从满足用户需求的角度出发，吸引种子用户。

微信也同样做到了这一点。微信主要通过 QQ 好友关系链传播来获取种子用户，一键导入 QQ 好友也是微信上线初期为数不多的功能之一。后来版本中的微信支付，是通过微信关系链进行银行卡绑定，使得微信的功能版图拓展到移动支付的领域。

在上线初期，一个好的产品不但要重视拉新，还要将重心放在留存种子用户上。一个完整的产品生命周期，不仅要重视种子期，同时也要为之后的产品爆发期和产品平台期做好准备。从整个产品生命周期来看，在种子期最重要的运营指标是用户留存率，最重要的产品目标是验证产品基础功能是否能够满足用户需求。种子用户留存率较高，就证明产品符合用户的期待，满足了用户的需求，用户自然会沉淀下来，形成强大的用户口碑。当用户口碑增长到一定阶段，产品就迎来了爆发期。

5.4.2　产品爆发期：核心功能 > 利于拉新 > 用户体验

爆发期是种子用户向目标用户加速扩展的时期。当产品迎来爆发期，用户的增长速度会显著加快，用户数量会呈爆炸式增长。产品爆发期所呈现的表面特征是用户数量的增长，背后实质是产品市场被打开，用户市场的广度增加。种子用户的传播使得其周围人被发展为潜在用户，很多人被产品口碑带动，对产品有了明确的需求，他们中的很大一部分人未来都会成为产品的目标用户。

在爆发期，目标用户依旧重视产品的功能属性。此时，企业已经收集了种子用户的建议反馈，将产品进行迭代优化，产品功能得到进一步完善。产品的基础功能已经迭代为产品的核心功能。在爆发期，产品迭代频繁，每一代新版本都力求快速上线。

因为目标用户大多是受口碑影响，被产品功能吸引而来，所以此时的产品功能基本可以满足目标用户的需求。因此，在产品爆发期以及快速优化迭代时，企业需要注意：在对产品进行快速优化迭代时，不要研发产品核心功能以外的其他功能。所有功能都应围绕核心功能开发，为核心功能提供助力，而非淡化核心功能，因为转而研发其他功能来迎合用户需求，只会使产品失去特色。

产品爆发期需要的是绿叶衬红花，突出核心功能，在市场打出优势，而非百花齐放，其他功能喧宾夺主。在产品爆发期，企业如若选择兼顾多项功能，那么产品就会丧失最初定位时所确定的核心功能，产品竞争力也会下降。

例如，微信于2011年上线，上线仅4个月就渡过了种子期。而接下来将近一年的时间是微信的产品爆发期，其用户从五百万增长到上亿，实现了指数级的爆发增长。微信在此期间进行了15次版本升级，前半年一个月升级一次，后半年每15天升级一次，产品迭代速度非常快。

然而微信在爆发期并没有开发其他功能，语音消息、视频聊天、漂流瓶等功能的上线，全部围绕移动通信核心功能展开。这些新功能的助力，使得微信的核心功能更加完善，更好地满足了用户的需求，用户的产品功能体验也在无形之中得到了提升。

爆发期的核心始终是以核心功能为提升产品竞争力的关键点，以让产品更加深入市场，吸引更多的潜在用户。爆发期的产品迭代并非不重视用户体验，而是要将产品迭代重心放在核心功能优化方面，以提升服务质量，改善用户体验。出现爆发期是一个产品成功的标志。当一个产品在爆发期之后开始以用户体验为目标进行功能迭代，就意味着产品平台期的到来。

5.4.3　产品平台期：用户体验 > 商业需求 > 新功能 > 运营效率

当产品的用户增长不再像爆发期一样快速，产品就进入了平台期。如果爆发期时间过长，企业要主动控制用户增长的节奏，调整产品的功能迭代优先级，人为地使产品进入平台期，以获得产品稳定发展的空间。

由于爆发期已经为产品带来大量目标用户，因此在平台期，企业无需将大量成本投入到拉新中，此时企业的首要任务是满足现有目标用户的需求，提升他们的用户体验。维护种子期和爆发期的用户，提升服务质量，既是平台期的价值，又是平台期运营的关键。

在平台期，企业要继续收集与产品相关的用户反馈，将其整理并对其进行分析，明确产品的不足之处并确定改进方案，以修复产品 bug，提高产品稳定性，持续、稳定地发布迭代产品。此时的产品已经打开市场，若想在竞争激烈的市场中站稳脚跟，企业需要根据市场的商业需求不断地调整产品的功能属性，最大程度地满足市场的商业需求。

例如，微信在 2012 年下半年进入第一个平台期之后，新版本的迭代主要集中在系统架构稳定性方面。因为当时的用户普遍反映在多应用同时使用时，微信新消息弹窗经常无故消失，微信后台运行不稳定，时常需要重启。为此，微信将产品迭代重心放在了系统架构稳定性方面，提高产品稳定性，提升用户体验，避免用户流失。

当产品进入平台期时，企业需要开发产品新功能，满足用户和市场的需求。在保证核心功能持续优化的基础上，产品的延伸功能可以用来开发、填补市场的空白部分。持续、高效地开发产品新功能，是提升沉寂用户活跃度、用户停留时长的最佳方法。企业通过提升用户活跃度，提高产品的用户口碑，形成良好的用户传播力，进而促进用户再增长。

例如，微信在 2012 年 4 月推出朋友圈这一新功能。和 QQ 空间对于 QQ 的重要性一样，朋友圈是微信的第二个"蓄水池"。用户除了可以使用常规的好友聊天功能进行移动通信交互外，还拥有了属于自己的移动社交空间。朋友圈的出现显著提升了微信用户的停留时长和活跃度。

在产品平台期，企业的运营效率已经处于相对稳定的状态，即投入产出比已经处于最佳状态，此时企业仅需要做出细微的调整维持现有状态即可。比如微信在推出朋友圈之后，又陆续推出了公众号、小程序等功能，这些功能都是在核心功能和延伸功能的基础上进行的优化。

一个状态相对稳定的产品平台期可以为接下来的爆发期提供基础。好的产品都是在艰难的种子期后自然迎来爆发期，之后自然地或通过人为调整进入平台期，平台期的调整又为新一轮的爆发期做好准备。爆发期、平台期不断交替进行，产品的功能和属性不断地调整，产品持续、稳定地发布新版本，这便是最健康的产品生命周期展现形式。

第 **6** 章

业务数字化：快速调整战略，持续提升竞争力

业务数字化指的是以计算机或网络能识别、采集、存储的方式，将各种业务活动产生的信息整理为可统一处理、分析、使用的数字化信息，从而进一步优化运营管理，为客户提供创新服务及其商业模式的过程。企业要明确数字化发展的大方向，因地制宜地创新和探索，找到适合自身发展的实现业务数字化的具体方法。

6.1 明确用户，抓住创新机会点

业务数字化转型的特点之一就是企业对用户更加了解。随着企业使用数据的能力逐渐提高，用户数据将发挥巨大的作用，它可以帮助企业创造机会点，及时调整经营战略，保持竞争力。

6.1.1 明确愿景和商业模式

在过去，企业追逐流量，一般都是通过先做大用户规模，再利用用户变现的流量商业模式获取利益。而现在随着流量红利的消失，这样的商业模式开始后继乏力。各大企业回归商业本质（交易），注重收益与成本，追求正收入。

对此，企业可以使用价值主张和增长飞轮理论来定义愿景和商业模式，助力企业转型，使企业保持竞争力。其中，价值主张理论可以帮助企业洞察用户的根本需求，设计出让他们买单的产品；而增长飞轮理论可以帮助企业通过不断优化用户体验来实现业务的复合增长。

1. 价值主张

在存量市场背景下，企业想要获得增长，不应只关注营销、市场、竞争，而要关注用户，思考什么是对用户真正有意义的，由此来设计商业模式。

价值主张是企业要传递给用户的一种差异化的价值观，用于指导研发、生产和服务。它可以帮助企业找到竞争突破口，快速锚定竞争优势，巩固自身在行业中的地位。

那么企业应如何设计价值主张呢？

第一步：列出产品能够给用户提供的所有价值点。这一步可以帮助企业全面理解用户的需求和自己产品功能之间的关系。对此，企业可以用价值主张画布（如图 6-1 所示）来搭建思考框架。

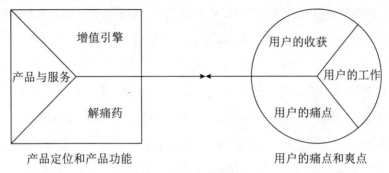

图 6-1　价值主张画布

价值主张画布由产品定位和产品功能（左边），以及用户的痛点和爽点（右边）组成。只有将左右两边的内容一一对应，才能产生真正的产品价值点。

第二步：思考用户为什么选择我的产品而不是竞争对手的产品。在上一步中，企业已经列出了产品的价值点，知道了产品竞争力的来源，但用户需求被满足的方式永远不止一个，所以企业要从中找出自己最具优势的价值点。这需要企业明确自身的技术优势，集中资源在某一方面进行突破，这样才能占据更多市场。

第三步：找到最能满足用户痛点或爽点的一到两个功能。寻找优势价值点时，企业要着重分析自身情况和行业情况。优势价值点可能有多个，所以，企业还要对其进一步精简，放弃一些优势点，以最高效的方式满足用户最核心的需求，从而突出产品最核心的价值。

价值主张的设计可以帮助企业将产品价值和用户需求充分对应，生产出最符合用户期待的产品，从而降低试错成本。

2. 增长飞轮

明确了产品设计方向，企业还需要持续的运营模式，才能实现跨越与突破。吉姆·柯林斯曾在《从优秀到卓越》中提出"飞轮效应"。他认为一家企业的成功绝不是一蹴而就的，这个过程更像持续地推动一个又大又沉的齿轮。通过持续努力，齿轮会越转越快，积累势能。直到突破某个临界点，齿轮的重力和冲力会成为推动力的一部分，这时无须再花费力气推动齿轮，它也会不停地转动。因此，企业要构建自己的增长飞轮，确定推动力，积累势能，从而实现持续发展。

亚马逊的成功让更多人了解到了飞轮效应的力量。亚马逊的增长飞轮中包括 5 个变量，即用户体验、流量、供应商、低成本结构、低价。

它的逻辑是，好的用户会带来更多流量，同时吸引更多第三方卖家，第三方卖家提供更丰富的产品，提升用户体验。同时，规模变大的亚马逊的运营成本被更多供货商分摊，从而形成低成本结构。低成本结构产生更多收益，更多收益会进一步降低价格，更低的价格会带来更好的用户体验，从而形成良性循环。

那么企业应如何构建增长飞轮呢？

第一步，找到创新红利，即政策、技术、人口等促进齿轮转动的势能，排除一切干扰，集中所有力量推动飞轮。

第二步，聚焦核心能力，重新检验自己的业务。企业可以通过对比过去的成功的经验（远超预期的创举和新产品）和失败的经验（半途而废的项目和产品）来提炼核心能力。

第三步，找到齿轮转动的第一推动力，即企业需要解决的重要性级别最高的问题。例如，亚马逊的第一推动力是用户体验，用优质的用户体验吸引更多用户，从而让齿轮不停转动。企业可以通过思考自己真正能为用户提供什么价值、用什么方法来长期驱动这个价值，来明确第一推动力。

第四步，整合所有的要素，保证齿轮持续转动。即抓住红利，用核心能力围绕第一推动力，形成持续不断的增长。

价值主张和增长飞轮可以更好地帮助企业以用户为中心构建愿景和商业模式，从而为业务的数字化转型明确方向。

6.1.2　明确目标用户

用户是企业开展所有业务的中心，了解用户是业务数字化转型的重要一步。企业可以通过用户地图和用户画像识别用户，从而加深对用户的了解。

1. 用户画像

用户画像描绘出的是一种泛化的用户特点，它包括真实的和潜在的用户特点。用户画像可以帮助企业更好地了解客户，以便在各种业务工作中做出更好的决策。

用户画像一般包括以下几种元素。

（1）头衔。企业需要创建一个合适的头衔，给具有相同特征的用户打上标签，例如创新者、"发烧友"等，从而表明他们是怎样的一群用户。

（2）基本资料。企业要对用户的基础信息加以了解，包括年龄、所在地、教育程度、收入等，以便对他们进行基础的区分。

（3）态度。企业要明确用户对产品或服务的态度，包括他为什么对产品感兴趣、在寻找什么解决方案等。企业可以通过访谈、调查问卷、评论收集等形式了解用户对产品的态度。

（4）个性。企业要知晓用户心理，包括他的性格、情感倾向等，这在设计交互体验时非常有用。

（5）个人简介。企业要为目标用户总结一句话的简介，包括背景、生活方式、态度和行为习惯等内容，以便研发团队可以更快地了解用户。

（6）用户目标。企业要明确用户希望通过产品所要实现的目标。

（7）任务。企业要列举出为了完成用户目标，需要完成的事项。

（8）痛点。企业要明确是什么因素阻止了预期目标的实现，以及当前解决方案存在的问题，这是打磨产品功能的关键。

（9）动机。企业要明确推动用户采取行动的因素。

（10）渠道。企业要明确自己在哪里能接触到目标用户。

2. 用户地图

除了了解用户特点外，企业还要了解用户行为，即用户为了实现目标而做出的行动，这时企业就需要借助用户地图。用户地图可以将用户行为可视化，帮助企业了解和解决用户的真实需求和真实痛点。

企业需要根据实际场景，将用户行为概括为几个阶段，再将每个阶段中的行为分解为若干节点（用户体验过程中关键动作，例如网购时的在线支付等），用简短的动词表述出来，再按行为产生的先后顺序对其排序。下面是新型的无人商店的用户地图，如图6-2所示。

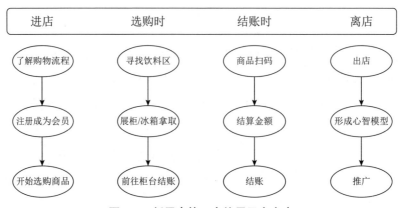

图6-2 新用户第一次使用无人商店

完成用户行为排序后，企业要明确用户在每个阶段要完成的目标或任务，并进行提炼。然后分析从用户接触服务到实现目标的过程中，企业可以从哪些方面为用户提供服务。另外，企业还要分析每个节点用户的情绪状态，例如积极、平静、消极等，由此看出用户痛点产生于哪个环节。最后，企业需要将用户产生情绪消极的原因提炼出来，分析出该痛点的解决方案以及如何让其成为机会点。

6.1.3 入口思维到触点思维

能够传递消息的渠道都可以被称为用户入口，如品牌门店、营销广告、App等，用户的总流量就是由这些入口流量线性叠加得到的。而触点是企业与用户通过各种维度、各种形式形成的链接。由多个触点组合形成的触点网络可以更好地实现企业与用户之间的对接，使企业能够为用户提供更全面、更优质的服务。

触点可以有效吸引潜在用户的注意力，向用户传递品牌的态度及价值观。

互联网技术的进步使每个触点都有机会变成入口，这也导致传统商业模式发生了极大的变革。从入口思维转变为触点思维，充分挖掘业务流程中的重要触点，有针对性地进行营销活动，是企业实现数字化转型的重要步骤。

触点思维需要企业对用户有深入的了解，如今大部分企业都拥有来自用户的海量数据，并对数据进行了分析，但是这就代表企业真的了解用户吗？例如某品牌口香糖的用户画像为：30～35岁、都市白领、月收入10000元左右。这是该品牌通过分析海量数据得出的结果，然而不是所有具备这些特质的人都会购买口香糖。

当产品能够帮助人们达成目标时，才可能触发人们的购买行为。例如，在超市排队付款时，人们为了消磨时间，会去挑选摆在架子上的口香糖。而智能手机出现后，人们有了新的消磨时间的方法，口香糖的销量就出现了下滑。因此，这部分下滑的销量并不能通过丰富口味、提高质量来弥补，只能去发掘其他用户目标，开辟新的销售触点。

创新大师克莱顿·克里斯坦森曾提出"用户目标达成理论"，他认为用户不是购买产品或服务，而是为了让自己在特定场景中有所进步，才把产品或服务拉进生活中。而这个"进步"就是"用户目标"。可以说，用户为了完成某些任务而"雇用"了产品或服务。

用户目标达成理论包含3大元素。

1. 进步

"进步"指的是在某一基础上更进一步或者获得更好的体验，例如用户使用了美白产品之后变白了，使用了扫地机器人后做家务变得更加简单。

2. 情境

用户目标和特定情境有关，考虑到这一因素，企业才能制定出成功的解决方案。在界定情境时，企业可能需要思考很多问题，例如用户在哪里、用户正在做什么、用户接下来要做什么、用户受到哪些社会、文化环境的影响。情境是界定用户目标的根本所在，因为进步需要以情境为依托。

3. 复杂性

用户不一定只有功能用户目标，还可能有社会用户目标和情感用户目标。很多企业在创新时往往过分考虑用户的实际需求，却忽略了用户的情感需求可能更胜于功能需求。

用户目标与传统的用户需求概念并不相同，它对于用户想解决的问题定位更加明确。用户需求是相对笼统的，例如"我需要吃东西"是一个用户需求，但这个需求无法让企业有针对性地生产产品，也无法让企业进行合适的营销活动以促使用户选择自己的产品。

而用户目标会考虑比较复杂的情境，例如"我需要在上班路上吃早餐"，企业通过这个用户目标可以知晓用户需要的是一款方便食用、利于携带且可以补充能量的食品，而且因为上班路上的时间并不充裕，用户可能还需要代为加热这个功能。这样，企业进行产品研发的方向就很明确了。

识别出用户在特定场景下的目标，也就找了用户触点。那么，如何确定用户目标呢？

第一，从生活中寻找。生活中尚未被达成的目标是企业进行产品研发的沃土，我们可以先从观察自己的生活开始，明确自己在某些场景下的需要。有时候，对我们来说很重要的事情，对别人可能也很重要。

第二，从"尚未消费"中寻找。从那些没有使用过任何产品或服务的人身上，可能会发现需要解决的用户目标。当用户找不到满意的方案时，他们可能会"按兵不动"，什么也不做，所以这些人中蕴藏着巨大的机遇。例如在滴滴打车出现之前，没有人会想到能通过互联网平台用自己的私家车载客赚钱。

第三，找出暂时的变通做法。当用户为解决生活中的难题而采用暂时的变通做法时，证明他们很可能对现有的解决方案不满意，而且非常想解决问题。例如，在没有外卖平台之前，一些学校、居民区附近的便利店，会为了吸引用户主动提供送货服务，甚至雇用专职的送货员。外卖平台发现了这个问题，将这些服务整合在一起，同时解决了用户与商家的问题。

第四，关注你不想做的事。不想做的事情又可以称为"负面用户目标"，它往往能带来最佳的创新机遇。例如，有些需要长期服用某种处方药的人，需要定期去医院排队挂号，请医生开药，这需要浪费很多时间。近年来，为了解决人们不想在医院浪费时间这个用户目标，在线就医平台出现了，人们只需要上传身份信息和医院处方，就可以预约购药，成功节省了时间。

第五，找出产品不同寻常的用法。通过观察用户如何使用产品，企业也可以发现新的商机，特别是当用户的用法与标准用法大相径庭的时候。例如，小苏打曾是家庭厨房必备的烘焙材料，但后来生产小苏打的厂商发现，用户经常将小苏打当作清洁用品。根据这一用法，该厂商推出了无磷洗衣粉、地毯清洁剂、空气清新剂、除臭剂等产品，这些产品都大获成功。

从用户目标的角度了解用户和市场，企业可能会发现，原本看起来没有商机的市场，可能会突然出现很多机遇。

6.2　数字化转型如何驱动业务

随着时代的发展，企业的数字化转型在不断推进。而企业的数字化转型对于企业的业务驱动有着至关重要的作用，在识别创新点、构建服务体系、数据运营等多方面，为企业业务保驾护航。

6.2.1　识别创新点

从接触产品到流失，用户会经历一个完整的过程。在这个过程中，企业可以从与用户接触的节点中发现创新机会。

用户旅程直观地描述了用户接触产品的一系列场景，概括了用户与产品交互的过程。用户旅程图可以帮助企业完整分析和用户接触的全过程，从多个视角看到和用户接触的效果。这为企业在一系列交互行为中发现用户的挫折点和喜悦点提供了一幅完整视图，从而企业能够进行更精准的创新，解决用户痛点，提升产品体验。

除了分析用户的满意度外，用户旅程还可以用于供应商、产品等单个个体的全流程，以及两个实体之间接触的全流程。

如何设计用户旅程？在设计用户旅程前，企业需要先明确用户接触产品的 5 个阶段，即触发、考虑、评估、决策、支持。

（1）触发。企业要了解用户的行为特征及喜好，从而在一些渠道设计用户能够接触到产品的路径。例如通过用户画像，企业得知核心用户是 20 ～ 30 岁的年轻女性。她们喜欢刷抖音、看直播买口红、发朋友圈、上腾讯视频追剧，那么企业就要占据这些渠道，将这些渠道的用户引向自己的网店或线下门店。

很多用户在刚接触产品时，一般没有什么明确的目标或目标很模糊，例如买一部手机、听歌、买水果等。这时用户存在很多潜在需求，企业需要去挖掘、引导，让其产生进一步接触产品的想法。

（2）考虑。一旦用户接触到感兴趣的产品，需求被唤醒，第一反应可能是去搜索，从而形成一份"名单"。这时企业要做的就是利用自身优势，例如产品质量好、价格低、颜值高等，在这份"名单"中脱颖而出，进入用户最后的决策范围。

（3）评估。如果用户对产品不是刚需，他可能会用很长时间比较"名单"上的产品，这跟用户的性格和消费习惯也有关。所以，企业需要在这一时期"推"用户一把，例如限时降价等，让他缩短评估时间。

（4）决策。通过无数次的评估，用户会逐渐对产品形成认知，最后只看关键指标，用户就能迅速做出决策。但这考验产品的核心优势是否突出，以及是否能满足用户的关键需求。

（5）支持。用户下单完成交易，只是"转化"的开始。想要长期留存用户，企业还要增加与用户接触的机会。一方面，企业可以利用新品推介、促销活动、消费积分、会员制等，提高用户的复购率；另一方面，企业可以通过输出"有趣＋有用＋有利"的内容，帮助用户成长，让其对企业品牌的价值观更加认同，从而做出长期稳定的复购行为。

根据用户接触产品的 5 个阶段，企业需要挖掘出用户与产品的每一个接触点，分析每一个接触点用户的目标、行为、想法、情绪曲线以及痛点和机会点，并绘制成表格，如表 6-1 所示。

表 6-1　用户旅程

阶　　段	触　　发	考　　虑	评　　估	决　　策	支　　持
接触点					
目标					
行为					
想法					
情绪曲线					
痛点、机会点					

最后，企业需要对每个触点进行反复分析、细化，还要定期回顾优化，保证用户旅程能真实反馈当下的用户体验。

通过分析用户旅程，企业可以清晰识别出在产品与用户接触的过程中是哪个功能触发了用户的购买或复购行为，以此来加强或砍掉相应的流程，优化用户体验。

6.2.2　构建服务体系

除了识别创新点外，业务数字化还可以帮助企业构建新的服务体系。例如企业可以借助服务蓝图，协助业务优化。

服务蓝图是从公司角度展示业务的表层到核心的可视化界面工具。它由用户行为、前台、后台、支持 4 个方面构成，如图 6-3 所示。

（1）用户行为是用户在所有阶段中的体验节点，企业要清晰地罗列出用户在什么节点下做出什么行为，这样才能更好地为用户服务。

（2）前台是与用户产生交互行为关系的具体内容，包括员工行为、数字设备、技术方案等，即用户能接触到的服务。

（3）后台负责给前台提供技术方案支持。

（4）支持是内部人员和外部人员进行服务的步骤和互动行为。

如何用服务蓝图优化业务、提升服务呢？

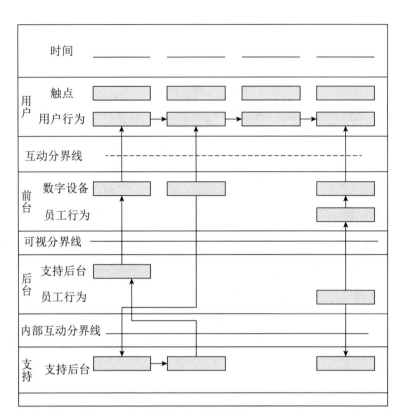

图 6-3　服务蓝图

1. 找出服务流程的断点

对于服务，企业应该遵守一个基本原则：在完整的流程中，不应该出现用户不知道做什么或需要等待未知事情的情况。如果有这两种情况出现，就说明服务出现了断点。那么如何找到服务断点？企业可以通过观察，融入真实的场景中，体会用户的心情，发现用户的真实需求。

2. 事无巨细地标出每一个流程的使用方法

在更新服务时，企业一定要把自己想象成一名刁钻的用户，事无巨细地想到所有可能出现的情况。以无人商店为例，如果购物流程发生变化，一定要在用户可能经过的每一处都标注出新流程的使用方法。

3. 衡量服务的每一步是否达标

数据、用户购物速度、体验流程的衔接度等都可以成为衡量服务的标准。企业可以利用漏斗模型对其进行衡量，例如店铺开业时来了 100 位顾客，90 人阅读了购物说明，60 人进店体验，30 人进行了交易。

4. 定义服务的"高峰值"

心理学家丹尼尔·卡尼曼曾提出峰值和终值的概念。他发现大家对体验的记忆由两个因素决定：一个是体验最高峰的时候（包含正向最高峰和负向最高峰）；另一个是体验结束时。根据这个规律，企业可以在不同阶段设计不同服务，给用户带来不同的情感体验，以此来提高用户的好感度。

企业的资源是有限的，不可能在每一个节点都给用户提供完美的体验。因此，企业需要使用服务蓝图优化用户的峰值和终值体验。服务蓝图实际上是对企业服务体系的整体规划，只有服务环节中的每个人都把"用户满意"作为服务标准，才能实现企业业务的优化。

6.2.3　数据运营优化业务

随着互联网的高速发展，人们开始摒弃过去的泛流量思维，而看重精准流量，因此数据在运营中的价值也越来越高。数据运营可以驱动业务，帮助企业找到新的增长点，实现数字化转型。更好的运营效果需要更精准的运营策略，下面就来介绍一下数据运营的基本流程。

1. 建立指标体系

数据化运营的第一步是明确业务目标是什么，不同的业务场景有不同的业务目标。当业务目标确定后，企业就要将目标拆分成数据指标，建立数据指标体系。建立数据指标体系有 3 个步骤，即明确业务目标、厘清用户生命周期以及行为路径、指标分级。在建立指标体系的过程中，企业可以使用 4 个理论模型，如图 6-4 所示。

图6-4　建立数据指标体系的过程

（1）OSM 模型：明确业务目标。OSM 是 Objective（目标）、Strategy（策略）、Measurement（度量）3 个单词首字母的组合。OSM 模型是一个业务分析模型，可以将宏大的目标拆解成具体的、可落地的、可度量的小指标，从而保证计划执行不偏离大方向。

只有数据服务于业务，才能赋能业务。目标可以帮助企业了解业务的核心KPI，快速厘清指标体系的方向。了解业务大方向之后，企业就要制定对应的行动策略。企业需要将业务的核心KPI拆解到用户生命周期和用户行为路径中，从完整的链路中分析出可以提升核心KPI的关键节点。最后，企业需要制定比较详细的评估指标，即模型中的度量，将产品链路中的各个关键节点细分，得到完全独立的细分指标。

（2）AARRR 模型和 UJM 模型：理清用户生命周期及行为路径。AARRR 模型和 UJM 模型都是路径模型，但侧重角度不一样。AARRR 模型揭示用户的整个生命周期，即"引入期－成长期－成熟期－休眠期－流失期"5大周期，而 UJM 模型揭示用户进入产品的整个行为路径，即"触发、考虑、评估、决策、支持"5 个阶段。这两个模型可以帮助企业从多角度分析业务问题。

（3）MECE 模型：指标体系分级。在前面两个步骤中，我们已经明确了业务核心目标以及整个业务链中的关键节点，下面就要对这些关键节点进行拆解，得到可以执行的指标。这个过程需要用 MECE 模型。

MECE（Mutually Exclusive Collectively Exhaustive）模型，中文翻译是"相互独立，完全穷尽"。它是麦肯锡咨询公司的一名咨询顾问在金字塔原理中提出的一个重要原则，是指对问题进行分类、分层思考，从而找出问题的核心，并为之提出解决措施。

MECE 模型可以帮助企业暴露业务最本质的问题。例如，某企业现在需要建立一个提升用户成交量的指标体系。第一步，企业需要明确业务目标，即提升用户成交量（GMV）。第二步，企业需要通过 AARRR 模型或 UJM 模型拆解用户成交的路径，即"注册—登录—曝光—点击—加购—成交"。第三步，根据 MECE 模型将指标分级。根据"GMV= 成交用户数 × 平均客单价""成交用户数 = 点击 UV（独立访问量）× 访购率""点击 UV= 曝光 UV× 转化率"3 个公式，我们可以得出"GMV= 曝光 UV× 转化率 × 访购率 × 平均客单价"，这样一个完整的分级治理的指标体系就建立好了。当然，根据企业需要，一些指标还可以继续被拆解，例如曝光 UV 可以继续拆解为谷歌渠道曝光 UV、腾讯渠道曝光 UV 等。

2. 数据获取

数据获取是数据运营的基础，但数据并不是越多越好，企业要围绕着业务目标获取数据。数据一般分为行为数据、流量数据、业务数据和外部数据。

（1）行为数据是以时间为顺序，记录用户在某产品上的操作行为的集合。

（2）流量数据能追溯用户来源，企业可以根据流量数据进行更有效的渠道转化分析、广告投放分析等工作。

（3）业务数据与企业生存息息相关，例如促销量、优惠券领取量等都属于业务数据。

（4）外部数据来源于公司外部，例如第三方平台统计的行业数据等。外部数据可以用来与内部数据进行对比，以分析企业的发展现状或辅助决策。

3. 数据分析

数据分析是数据运营的核心环节，主要工作是利用适当的统计分析方法对收集来的数据进行分析，提取有用信息，形成结论。

第一步：明确数据分析的目的。一般数据运营的数据分析工作都是围绕实现用户增长和转化进行的，例如找出粉丝上涨和减少的原因、用户激增或骤减的原因等。

第二步：绘制产品路径图。这一步可以帮助企业明确用户从知道产品到点击进入、使用、留存、消费的完整流程。产品路径图越详细，越不会遗漏影响数据变化的指标。

第三步：找出路径中影响数据变化的指标。对产品路径图的拆解和分析，可以帮助企业找出影响数据走势的关键指标。例如影响一篇公众号文章阅读量的指标有好友转发、看一看、微信搜一搜等，这些指标数据都是企业需要调取的对象。

第四步：根据数据分析目标，提取直接影响目标的数据，删除用不到的数据。

第五步：围绕关键指标，提出假设。根据数据分析目标，提出一个与用户行为相关的假设，例如用户流失率高是因为新活动的详情页做得太差。

第六步：验证假设。企业可以利用对比分析、趋势分析、溯源分析等方法验证提出的假设是否正确，找出运营不理想的原因，并提出针对性策略。

第七步：撰写数据分析报告。数据分析报告包括 4 部分。

（1）项目现状介绍。即简单说明项目现状，例如本月收入多少、与上个月相比销量下降了多少等。企业可以参照绩效考核的内容撰写项目现状介绍。

（2）发现问题并描述。从 KPI、趋势、同行等角度，将外部数据与内部数据进行对比，指出问题，例如与上个月相比新增用户数量下降了多少等。

（3）原因分析。明确指出数据分析结果，描述要清晰，例如用户流失是因为用户使用了其他产品。

（4）改进建议。提出具体且可执行的建议，例如建议市场部提高推广和转发的力度，向优质渠道增加资源投入等。

4. 数据应用

基于数据分析结果，企业可以发现业务问题或找到潜在增长点，以辅助业务决策，驱动产品改进优化。

（1）监测运行指标，降低监管成本。企业可以通过数据将目标公式化，将目标拆解成不同的模块，从而更好地监督业务运行。例如企业想要监测配送率指标，如果仅通过走访的方式进行监测，那么监测的成本会很高。但如果企业建立库存数据，就可以全面实时地监测所有门店的产品配送率。

（2）准确归因。有时企业的业绩下滑，往往很难进行正确的归因。如果缺少数据支持，只依赖个人经验，就需要在产品、渠道和营销的每个环节都投入资源去检查，这样虽然也能解决问题，但会浪费大量资源。如果有了精准的数据分析作为支持，就可以快速识别出出现问题的环节并制定出相应的解决方案。

（3）形成反馈闭环，提高各环节效率。运营的目标就是提升各业务环节的效率，让企业高速运转。想要做到这点，企业必须保证操作方案和用户反馈之间形成闭环。例如企业策划一个营销活动，活动期间观测到的转化率、客单价分布、下单高峰时间段等数据可以帮助企业不断优化营销方案。

6.3　数字化运营

业务数字化的最终目标是实现数字化运营，即企业上下形成数字化思维，将数字化融入日常工作中。

6.3.1　运营数字化思维

随着互联网的繁荣发展，运营工作开始倍受重视。运营指的是通过引流、活动、转化、流失等一系列操作，提升用户体验，将产品或服务卖给用户。运营伴随着跨界，企业的运营工作需要根据用户需求的变化而不断调整。因此，在数字化时代，企业建立新的运营模式的第一要务就是形成数字化运营思维。

1.产品思维

产品是满足用户需求、解决用户问题的载体，是一系列功能的集合。而思维是思考问题的方式。产品思维是一种解决问题的综合思维，是将解决方案产品化的过程。企业要具备产品思维，将发现问题、分析问题、解决问题的过程标准化、系统化、产品化，通过用户、数据去发现问题，透过本质去分析问题，提升效率去解决问题，以此将业务运营的过程标准化。

2. 运营思维

运营思维是指让管理、分析工作直观展示，可落地执行。运营思维可以帮助业务实现制度化、标准化、在线化，提高效率。但企业要摒弃只要速度不要质量的"一刀切"运营方式，因为这会导致已上线的功能漏洞百出，运营压力加大，反而拖慢整体进度。

3. 数据思维

数据是新时代的生产要素之一。在数字化时代，数据可以作为衡量工作成果的依据，例如每天账上资金的变化、客户满意度等。因此，企业要形成数据思维，在前景预测、经济决策、业绩评价等工作中合理利用数据，充分发挥数据的价值。

4. 用户思维

用户思维是很重要的一种思维方式，因为一切产品都要基于满足用户需求的前提进行设计。企业要把自己看成用户，考虑用户的想法、所处的环境、会做什么选择、有什么感受等，这样才能让产品真正满足用户的需求。

思维决定行为，行为决定结果。企业想要成功进行数字化转型，更应该更新观念，以更开放的心态、更加包容的文化运营企业业务。

6.3.2 用户运营线上化

用户运营线上化也是业务数字化的一个很重要的表现，特别是在新冠肺炎疫情防控常态化的背景下，在线上运营用户显得更加重要。它可以帮助企业更便利地维护用户，维持现金流，抵御风险。

根据 AARRR 模型可知，用户的生命周期分为"引入期－成长期－成熟期－休眠期－流失期"5 大周期（如图 6-5 所示）。不同生命周期，用户的价值不同，因此运营方法也不同。

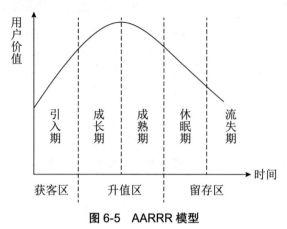

图 6-5　AARRR 模型

1. 引入期

在这一时期，企业主要考虑的是如何将用户引到线上，方法就是通过各种流量载体，包括微信群、小程序、公众号、App 等，用优质内容将用户从公域引流到企业的私域，这样可以精准吸引目标用户，让他们主动关注企业。这一时期的用户信任度低，对产品规则不熟悉，因此企业要充分去影响、培育他们，让他们了解企业的专业度。当用户信任企业时，用户就会自然地产生购买行为。

2. 成长期

在这一时期，企业主要考虑的是让用户与企业成交，方法是通过互动与用户建立信任关系，让其愿意进一步尝试产品，并为产品付费。这一时期的用户对产品有好感，但是主动尝试产品的意愿低，因此企业需要制定有针对性、有个性的沟通策略，拉近与用户的距离，促进用户的转化。

3. 成熟期

在这一时期，企业主要考虑的是裂变，即让用户帮助企业推广产品，让企业获得更多新用户。这一时期的用户对产品已经建立了信任，并越来越认同产品，愿意将产品推荐给他人，因此企业需要增加分享的福利，引导用户主动分享，例如推荐新用户注册享大额优惠券等。这个福利对用户一定要有价值，而且分享的操作不能太复杂，能让用户不需要花费太多时间就能做到。

4. 休眠期

在这一时期，企业主要考虑的是活跃用户，以增加复购。这一时期的用户对产品的依赖度越来越低，因此企业要给他们一个强刺激，唤醒他们，让他们重新依赖产品。例如企业可以设计一个让用户无法抗拒的会员产品或服务，让他们与企业绑定长期关系，为了会员福利继续留存，再次消费。

5. 流失期

在这一时期，企业主要考虑的是做好流失用户标记并记录流失原因，制定挽回方案，避免同类型用户再次流失。这一时期的用户对产品不太满意或因找到替代品而放弃使用产品。此时的用户反馈对企业是非常重要的，它可以帮助企业改进产品、优化服务，提升用户的留存率。

用户的线上运营需要做大量跨部门的协作工作，建立跨部门合作及沟通机制，整合各个环节的数据。只有这样，才能实现精准运营，提升用户的留存率。

6.3.3　经营分析会

想要实现数字化运营，企业还要懂得对市场行为进行回顾，总结经验。因此定期召开经营分析会是很有必要的，它的目的是帮助企业集中力量，实现经营目标。

当企业制订好了年度经营计划，要怎么落实呢？经营分析会就是最好的抓手。在每个月的经营分析会上，企业可以分析经营结果、经营差距、经营风险以及新的经营机会，从而调整策略和资源配置，逐步将年度目标落实。

想要开一场高效的经营分析会，企业需要聚焦 3 个方面。

1. 目标

企业的经营分析会要始终以年度目标为核心，根据目标分析结果、差距、策略、行动和资源配置。需要注意的是，企业要始终保证目标有且只有一个。

2. 风险

企业要在经营分析会上明确经营差距和经营风险及其背后的根本原因，不要为了开会而开会，经营分析会一定要致力于解决问题、规避风险。

3. 机会

聚焦问题能帮助企业改善经营情况，但真正对实现年度目标有帮助的是机会。经营分析会最重要的是找到帮助企业实现年度目标的机会清单，然后讨论出策略、行动及分配的资源。

那么，经营分析会如何才能聚焦目标、风险和机会呢？

1. 经营分析报告：保证会议质量

很多企业不重视经营分析报告，认为经营分析会的重点是会议。但其实经营分析报告才是分析的载体，其质量决定经营分析会的质量。

例如华为要求"一报一会"，"一报"是指经营分析报告，"一会"是指经营分析会。如果经营分析报告质量不高，不能将目标、风险和机会讲清楚，那么经营分析会就会低效、低质，且无法形成最终决议。

经营分析报告包括经营主报告和业务报告。经营主报告的主要内容是经营计划，即站在经营单元的最高视角，描述未来的目标和计划。合格的经营主报告必须直观地把核心问题暴露出来，让与会人员一眼就能看到是哪个环节出现了问题，以及问题有多严重。而业务报告的主要内容是业务发展计划，即将经营主报告提出的问题分析透彻。

2.组织经营分析会议：将目标尽快落实

如果企业的经营分析报告质量很高，那么经营分析会的效果一般不会太差。那么如何组织经营分析会，才能帮助企业更好地将经营目标落实呢？

第一，高质量的议题。经营分析会需要砍掉一切无用的环节，尽量做到有事说事无事散会，不要浪费时间在无用的讨论上。

第二，精选参会人员。企业要根据议题选定与会人员，尽量让与议题直接相关的人参会，减少陪会人员。

第三，高效率决议。经营分析会的决议以及下达的指令必须能产生明确的经营结果。如果结果不明，就证明决议没价值，会议也就没有起到应有的作用。

下面是经营分析会的流程，如表 6-2 所示。

表 6-2　经营分析会流程

主题：1.明确月度结果的偏差 2.分析关键驱动要素的偏差原因 3.对关键驱动要素策略进行调整	
参加人：	
时间：	
回顾目标	
1.月初目标值	什么时间、完成什么
2.实施路径	1. 2. 3.
亮点	
3.做对了什么	1. 2. 3.
4.做对的主要原因	1. 2. 3.
5.可以总结哪些经验（未来可以继续做/复用）	1. 2. 3.

续表

机会点	
6. 哪些没做到（跟目标、实施路径等相比，找差距）	1. 2. 3.
7. 为什么没做到	1. 2. 3.
8. 哪些做错了	1. 2. 3.
9. 为什么做错	1. 2. 3.
10. 可以总结哪些教训	1. 2. 3.
行动举措	
11. 未来 2～4 周必须开始做的事情及成功标准	1. 2. 3.

第 **7** 章

服务数字化：从"人找服务"到"服务找人"

当前中国经济处入转型升级的关键期，降本增效几乎成为所有企业的诉求。然而，随着用户要求的提高，供需双方联系不密切、服务没有标准、交易缺乏信任等服务方面存在的问题，给企业带来了极大的成本损耗。因此，企业需要从用户需求出发，进行一场从"人找服务"到"服务找人"的变革。企业需要利用数字技术，精准挖掘用户需求，为用户提供恰到好处的精益服务。

7.1 精益服务

精益服务指的是通过变革企业的人员组织、运行方式等方面，使服务体系更快地适应用户不断变化的需求，并在服务过程中精简一切无用、多余的流程，最终在各个方面实现最好的服务效果。精益服务可以让企业以较少的人力、设备、时间等投入，更快地接近用户，给用户提供价值，并促使用户为企业创造价值。

7.1.1 什么样的服务，才算是好服务

在如今这个物质和信息爆炸的时代，消费在不断升级，企业除了要做好产品外，还要做好服务。那么，什么样的服务才算是好服务呢？

很多人都评价四川航空公司的飞机餐非常好，这是因为四川航空公司用一些成本不高的零食和饮品提升了服务价值，让自己提供的服务有别于其他航空公司，而且优于同行。四川航空公司为乘客提供的具体服务如下：

第一，送餐时，空乘人员会问乘客要不要辣椒酱；

第二，除了常规的冷饮、热饮处，他们还为乘客提供特别饮品，例如红枣茶等，空乘人员还会积极地给乘客续杯；

第三，除了常规餐饮外，他们还会给乘客提供特别的小吃，例如蒸胡萝卜、蒸红薯等；

第四，空乘人员的服务很亲切，不会过于正式、刻板。

这几个不同之处叠加起来塑造了乘客们眼中的好服务。而他们的服务方式刚好满足了好服务的两个标准：一是超过一般标准；二是超出用户期待。简单来说，就是提供的服务让用户更开心、更舒服。

那么，如何高效、精准地使服务超过一般标准和超出用户期待呢？答案就是进行精益服务。

"精益"这一概念最初来自制造业。由于市场竞争加剧、用户需求复杂化，企业不得不想办法减少流程，降低生产成本，拓展效益空间。同理，服务也是如此。精益服务的核心在于精简服务过程中一切无用、多余的东西，以较少的人力、较少的设备、较短的时间创造更多的价值，以达到各方面都满意的结果。

7.1.2　如何实现精益服务

如今的市场环境瞬息万变，精益服务可以帮助企业裁撤冗余人员，让企业的服务精准对接用户。企业想要实现精益服务，就要遵守以下几下原则。

（1）从用户角度决定价值。企业的一切服务都要考虑用户的需求，而不是根据自己的主观臆断做出决策。

（2）确定整个服务流程中的所有步骤，删减那些不产生价值的步骤。企业要对服务的全过程进行分析，包括产品介绍、处理异议、售后服务等。

（3）使创造价值的步骤紧密衔接，保证中间过程不会有中断和等待。企业要明确整个服务过程花费的所有时间，包括等待、返工、返修等，以提高服务的效率。

（4）由用户的需求拉动价值流。企业服务的全部过程都必须紧紧围绕用户需求，根据用户的类型、数量和时间等因素来提供服务。

（5）不断追求完美。企业要根据市场和用户需求的不断变化，明确服务的价值所在，不断消除浪费，满足用户要求，直到服务臻于完美。

下面以一个修车的例子进一步对精益服务的 5 个原则进行讲解。

小张的汽车坏了，他去 4S 店维修。但是在第一次维修完回家的途中，小张的汽车又出现了同样的问题，所以小张不得不去 4S 店进行第二次维修。两次修车的流程如图 7-1、图 7-2 所示。

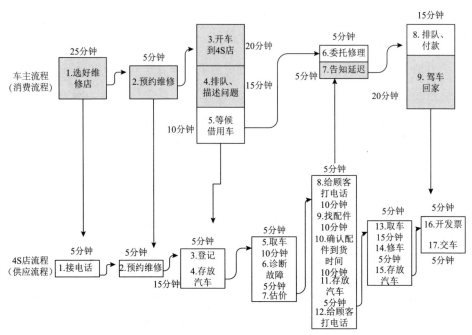

图 7-1　小张第一次去 4S 店修车的流程

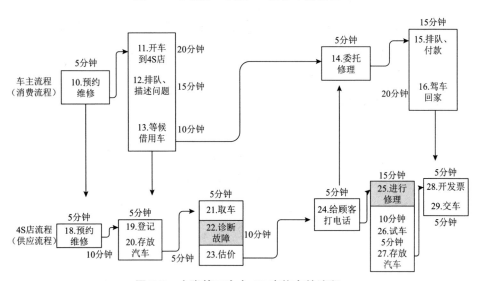

图 7-2　小张第二次去 4S 店修车的流程

图中颜色深的地方是产生价值的地方，没有颜色的是没有产生价值的地方。由于 4S 店第二次才把车修好，所以在第一次维修时 4S 店的全部服务流程都未产生价值，而小张的需求是第一次维修就把车修好，所以其价值产生在第一次维修的过程中。

在两次修车的过程中，小张花费了 210 分钟，只有 90 分钟产生了价值，4S 店花费了 210 分钟，只有 25 分钟产生了价值。可见，整个修车的过程投入远远大于产出，非常不划算，而且服务过程中返工一次，没有满足小张一次把车修好的需求。

那么，如何用精益服务 5 原则优化这个服务流程呢？

（1）从用户角度决定价值。在这个案例中，修好车是用户最基本的诉求，所以将车修好就是价值。

（2）确定整个服务流程中所有步骤，删减那些不产生价值的步骤。小张从发现车坏了、寻找 4S 店维修，到维修完成后开车回家就是他的消费价值流程。4S 店从得知小张车坏了、准备维修，到把车交给小张就是 4S 店的服务价值流程。从图 7-1、图 7-2 中，我们可知，这两个流程中都存在大量的等待和无效步骤，均属于浪费。而且 4S 店第二次才把车修好，更是增加了浪费。这些浪费都应该尽可能消除，如图 7-3 所示。

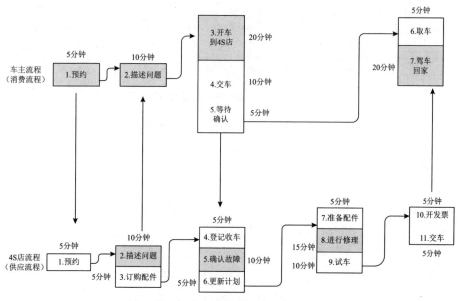

图 7-3　优化后的修车流程

在去掉一些不必要的等待步骤后，小张的消费流程和 4S 店的服务流程都简化很多。在新的流程中，小张需要花费 75 分钟，其中 55 分钟产生了价值，4S 店花费 80 分钟，其中 35 分钟产生了价值。因此，无论是对于小张，还是对于 4S 店来说，都节省了大量时间。

（3）使创造价值的步骤紧密衔接，保证中间过程不会有中断和等待。在 4S 店修车会产生等待时间的原因是 4S 店的员工有固定岗位，而顾客的需求却一直在变化。企业可以通过两种方法来改变需求与供给不平衡的现象：一是 4S 店培训员工掌握多种技能，根据顾客需求随时调整工作，以减少顾客等待时间；二是多和顾客沟通，将顾客的车的故障类型分类，例如稍作等待就能修好、转天才能修好、当天稍晚能修好等，在顾客预约时就安排好时间并告知方案，减少顾客当天排队的时间。

（4）由用户的需求拉动价值流。在 4S 店的服务过程中，更新计划和准备配件是无法产生价值的，而且会耽误很多时间。对此企业可以在 4S 店开一个备件超市，为维修提供支持，如图 7-4 所示。

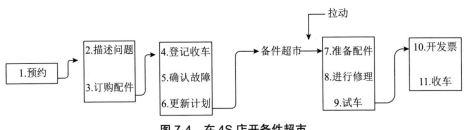

图 7-4　在 4S 店开备件超市

由于运输成本等原因，4S 店不可能每用一个配件就让仓库送来一个，所以其需要一定的配件库存。而备件超市的补货频率要根据顾客需求而定，也就是以顾客需求拉动配件超市的运营，让仓库统一将零部件配送到 4S 店。

（5）不断追求完美。不断追求完美是指不断优化上述 4 个步骤，不断缩短维修时间，提高维修质量，降低维修成本。

7.2 服务方式的创新

服务一般都需要耗费大量的人工成本，而且不一定能准确满足用户需求。但企业服务的数字化创新了服务方式，让企业能更精准地匹配用户需求，优化自身的服务。

7.2.1 服务方式创新 5 部曲

企业要想进行服务方式创新，需要做好以下 5 个方面。

1. 服务定位的改变

服务定位的改变需要企业上下转变理念，具备互联网思维。服务并不是简单地安装和维修，而是二次销售的起点，是提升产品竞争力的重要因素。

2. 设计服务场景

企业需要设计服务场景，将一次性服务变成与用户长久交互的渠道。由于各行业的服务内容和流程不一样，所以企业需要针对自身的状况进行服务场景规划和设计。在设计服务场景时，为了达到预期效果，企业需要注意以下几点。

（1）运用数字化工具。为了提升用户体验，企业需要在 30 秒内让用户完成绑定手机号和建立账户的操作。对此企业可以优先考虑使用微信公众号和小程序，而不是独立的 App，以免浪费用户过多时间。

（2）关注用户体验。要将绑定手机号和建立账户的操作融合在服务场景中，让用户感觉自己进行的所有操作，都是为了提升自己的体验，而不是为了给企业增加业绩。

（3）引入新技术。企业可以引入机器人或 AI 助手在线上与现场工程师进行交互，采用大数据、AI 等技术建立服务模型，以提升交互效率、降低成本。

3. 持续的内容运营，提升用户黏性

设计好服务场景后，企业需要进行持续的内容运营，以逐渐使用户对产品建立信任，从而增加用户黏性。

4. 把低频服务转换成高频服务

很多企业为用户提供的服务都是低频服务，几个月一次甚至几年一次。低频服务限制了企业对用户需求的深入了解，也制约了用户对企业的强依赖和信任。但是一些服务的性质，注定其无法高频地满足用户的需求。但是，企业可以转换一下思维，采用其他形式提升服务频次。

以上门维修服务为例，企业可以将服务对象由 1 个用户变成 1 个小区。这是因为以小区为单位的服务具有以下特征。

（1）需求一致性。同小区居民的收入水平、居家环境等都较为一致，可能会选择相似的产品和服务。

（2）传播快捷性。一般来说，一个小区会有自己的业主群、二手群、兴趣群等，相关产品和服务极易形成口碑传播。

（3）服务便利性。现场工程师在同小区持续服务的成本是最低的。

（4）产出最大性。居民密集的小区能产出巨大的服务需求。

维修公司将小区作为服务单元，不仅可以提升服务频率，还更容易提升用户满意度。

5. 生态融合，盈利驱动

用户需求的持续导入，线下、线上的生态融合，形成了服务交互增值的闭环，为企业实现服务数字化转型提供持续驱动力。

7.2.2　按需设计，自主选择

美国心理学家亚伯拉罕·马斯洛提出了著名的马斯洛需求层次理论。当一个

人同时缺乏食物、安全、爱和尊重时，其对食物的需求是最强烈的，其他需求则显得不那么重要。而一旦一个人的生理需得到了满足，便很可能会产生更高级的、社会化程度更高的需求，如安全需求、社交需求、尊重需求和自我实现需求。

当今社会，人们的物质生活有了极大丰富，最底层的生理需求已经基本得到满足，因此许多人都产生了更高层次的需求。对此，企业要创新服务，给用户提供更大的自主权，使用户能满足自己独特的审美情趣和爱好。

知名运动品牌 Nike 很早就推出过个性化定制服务。Nike 将其命名为"Nike ID"，用户可以在 Nike 官网上对自己喜爱的球鞋、服装和运动配件进行个性化设计，通过选择多种颜色和材质，加入个性化的符号，设计出一款专属于自己的产品。这项服务拥有独立的官网，受到了许多年轻人的欢迎。

但是，个性化定制实现大规模商业化的难度非常大，会对供应链造成极大的压力。这不仅会使产品的生产周期变长，还很可能会降低效率、增加成本。那么，如何实现个性化定制的大规模商业化？企业需要具备以下几种能力。

1. 全业务链集成能力

大规模个性化定制是以用户为中心的生产模式，所以企业的一切业务都必须围绕用户展开，且全流程无障碍运行。例如产品策划、设计、生产、采购、物流、销售等流程必须充分融合，以确保产品从设计到交付不偏离用户的需求。

2. 产品管理能力

大规模个性化定制势必会产生大量不同的产品规格，如果企业没有产品管理能力，那么每一款产品都要从头开始设计，而由此带来的巨大成本是任何一家企业都无法承受的。因此，企业可以通过产品组合的方式来满足市场的大规模个性化定制需求。

3. 模块化能力

模块化是指在传统分工的基础上将产品各部分按照功能分解并重新聚合的过程。这些被分解的模块可以被独立地设计、制造，然后再被重新组合成新产品，这满足了大规模个性定制的需求，而且效率很高。

4.并行工程能力

并行工程是集成地、并行地设计产品，其目的是提高质量、降低成本、缩短产品上市时间。并行工程对于大规模个性定制的意义在于，它可以加速产品迭代，使产品更快地满足市场需求。

5.客户互动能力

满足特殊订单生产的需要是大规模个性化定制的难点之一。一些订单完全在企业的生产准备范围之外，而且企业的技术匹配性、安全性等难以达到用户需求。因此，企业需要具备客户互动能力，建立一个良好的互动环境，使用户尽量在规定范围内提出要求。

6.柔性制造能力

柔性制造是一种与单一大批量生产刚性制造能力相对的能力。具体来说，柔性制造能力包括以下6方面的能力。

（1）机器柔性：机器设备随产品变化而加工不同零件的能力。

（2）工艺柔性：系统根据原材料变化而确定不同工艺流程的能力。

（3）产品柔性：产品更新后，系统不仅能兼容老产品，还能迅速生产新产品的能力。

（4）生产能力柔性：生产量改变后，系统能及时找到成本最低的运行方式的能力。

（5）维护柔性：系统能采用多种方式找出故障，保证生产正常进行的能力。

（6）扩展柔性：生产需求改变后，系统能快速调整生产模块结构的能力。

7.2.3 内容运营，黏度提升

内容运营可以潜移默化地影响用户，拉近企业和用户的距离，增强宣传内容的可行性和说服力，从而提升用户黏度，让用户与企业更加契合。

在移动互联网时代，几乎每家企业都会精心运营短视频、微博、社群、公众号等内容平台，定期更新品牌内容和产品信息，结合渠道特点创作更贴合用户需求的内容，从而潜移默化地影响用户心智。同时，这些渠道还是用户反馈的直接入口，让企业与用户的距离更近。

以知乎这类知识平台为例，知乎的用户大多是拥有较高文化素养的年轻人，企业可以针对这个特点，深挖年轻人感兴趣的话题，着重宣传企业的核心理念，从理念、情感、价值观 3 方面与用户产生共鸣，用内容征服用户。

下面是知识型平台的内容运营方法，如图 7-5 所示。

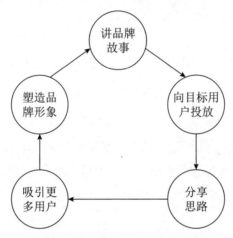

图 7-5　知识型平台的内容运营方法

在实际操作过程中，企业要将这 5 个步骤打造成一个闭环，循序渐进，不断地影响用户心智，从而提升现有用户黏度，吸引更多目标用户。

现在是一个"用信任换取利益"的时代，信息的爆炸性增长导致用户内心缺乏信任，所以企业只有提升用户的信任感，才能达成更多的交易。信任是通过人与人之间的交集建立的，生活交集、工作交集或者感情交集越多，人与人之间的信任度就越高。如果企业能够加强与用户的联系与沟通，用内容输出增加与用户之间的交集，使其获得"一见如故""相见恨晚"的感觉，就能更容易地获得用户的认可和青睐。

7.2.4　智能化售后服务

企业不能一味地向用户进行产品、品牌的输出，还要注重用户的反馈，对产品和宣传内容进行调整，真正地满足用户需求。这就需要企业建立健全沟通机制，实现用户与品牌的深度链接。

传统的售后服务通常需要耗费大量的人工、时间成本，而且还十分容易出现问题。如果售后人员短时间内需要接待大量的用户，那么他们极有可能无法为每位用户都提供优质的服务。如此一来，便很容易引起用户的不满。在这种情况下，构建智能化的售后服务体系显得格外重要。企业可以从以下几个方面入手构建智能化的售后服务体系。

1. 整合零散信息

企业只有了解用户，才能为用户提供更好的服务。企业应该将全部用户的信息统一记录在服务系统中，使服务人员可以随时随地地调取产品及用户的相关信息。同时，企业还要在系统中添加大量的解决方案，帮助服务人员快速了解产品的参数、故障原因、维修进度等信息，进一步提升服务的质量和效率。

2. 合理分配工作

智能化的售后服务系统应该以服务流程为基础，将用户需求、仓库分布、备件库存等信息进行整合，从而形成业务协同，为用户制定最佳的售后服务方案。同时，售后服务系统还要根据用户需求为其匹配最合适的售后服务人员，根据用户的位置、预约时间、所需配件等信息为售后服务人员规划最优的服务路径。

3. 深入分析数据

在服务过程中，售后服务人员需要将采集到的全部服务信息留存下来，并使用智能算法对这些数据进行全面、透彻的分析，生成可视化分析报告。这样不仅可以为后续的服务优化及战略决策提供有力支撑，还可以进一步完善服务方案，提升用户满意度及复购率。

4.服务过程透明

用户满意度是评估服务人员绩效的最有力的指标。因此，在服务完成后，服务人员应该及时将服务报告上传至系统中，以便管理人员进行实时监测。同时，企业还可以向用户发放调查问卷，进一步了解服务人员的服务态度及专业程度。

市场竞争日益激烈，获取用户的成本也随之提高，企业对于用户黏性的增强、产品复购率的提升等问题也越来越重视。智能化的售后服务系统可以帮助企业节省管理成本，提高运营效率，提升服务品质，进一步唤醒用户的品牌认知和复购意识。可以说，构建智能化售后服务体系成为企业建立竞争优势的最佳途径。

7.2.5　人工智能的拟人化沟通

随着创新技术的发展，企业的服务开始从人力主导逐渐向人工智能主导发展。其中，在线机器人几乎成了企业智能化服务的标配工具，但无线机器人的服务能力和效果还尚待优化。那么，企业应如何提高机器人的拟人化服务能力，使其在帮助用户解决问题的同时还能增强用户体验？

1.对话型交互

通过场景化设计，企业可以使在线机器人与用户的交互模式更接近自然对话场景。

（1）问题拆解。即拆解复杂问题，逐步引导用户回答，使机器人的服务更加精准。例如用户询问"信用卡有什么优惠"，机器人可以根据关键词"信用卡"，先询问用户卡型，然后根据用户的回复，给出问题的答案。

（2）答其所问。给用户一个答案，而不是让他自己查找指南。例如用户想查询账单，机器人需要直接给出查询结果，而不是查询方式。

（3）主动询问。机器人要主动反问用户，获取他的信息，让用户做"选择题"，而不是"解答题"。例如用户询问"提额申请何时生效"，机器人需要主动询问用户是临时额度还是固定额度，然后根据用户的回复，给出答案。

（4）想其所想。理解用户的提问场景，给出最合适的答案。例如非会员用户想查询店庆优惠活动，那么机器人要给用户提供店庆优惠活动的具体信息，并告知对方成为会员的具体方法。

2. 人性化服务

在精准理解场景和用户意图的基础上，企业要让在线机器人提供更有温度的对话语境。

（1）礼貌的开场白和结束语。机器人可以根据渠道、用户标签等，自动提取用户信息，在交互过程加入开场白和结束语，例如"××先生/女士，您好，很高兴为您服务""有什么问题可以随时联系我，期待您的下次光临"等。

（2）闲聊能力。除了回答用户问题外，机器人还可以加入表情识别以及表情回复功能，让其更加可爱、俏皮。

（3）主动服务。基于业务入口，机器人主动引导用户提出热门问题。例如用户从账单分期入口发起会话，可能是想咨询分期相关问题，机器人可以据此预测其意图，主动发起对话。

7.2.6 关联产品生态系统和长尾服务，提升效率

目前在很多领域，企业在不断满足用户需求、创新用户体验的同时，开始注重构建基于产品的生态系统，扩大与用户的接触范围。同时，企业通过将产品生态系统和长尾服务有效关联，可以有效提高企业运营效率。

长尾理论是美国人克里斯·安德森提出的、在于网络经济市场中的一个新理论。该理论认为，产品的销售量不是体现在传统需求曲线上表示"畅销商品"的头部，而是曲线上代表"冷门商品"被人遗忘的长尾，如图7-6所示。

在当今数字化时代，企业更需要关注市场的"尾部"，因为"尾部"成本更低，

而且产生的总体效益可能会超过"头部"。企业可以将产品生态系统和长尾服务结合，从而降低成本，提高企业运营效率。

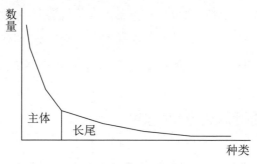

图 7-6　长尾理论模型

在信息流通效率低的年代，长尾产品往往是被尘封的。但在如今互联网飞速发展的时代，企业在构建产品生态系统后，产品流通的渠道更为多样，流通范围更加广泛，这让过去企业需求不旺的冷门产品所占据的市场份额也可以和那些热销产品所占的市场份额相匹敌，甚至超越前者。

因此，长尾客户群对于企业发展有着至关重要的作用。企业可以通过产品、建池子和细分客户群 3 个方面挖掘长尾客户，实现企业经营效益最大化。

首先，在产品方面，强调对客户的引导，挖掘客户需求。例如，某企业在小罐茶产品的运营中，将产品定位于青年人群，利用新媒体等宣传方式将饮茶文化打造成一种时尚生活品位，从而引导青年人群产生饮茶的需求，逐渐将市场做大。

其次，在建池子方面，企业需要建立强大的渠道，扩大知名度。例如，某短视频平台就是通过建池子的方式挖掘长尾客户。该平台的生态系统主要由用户体系、标签体系和短视频内容体系 3 部分构成。该平台在创立之初，通过明星渠道来提升知名度，不同的明星在社交平台上发布带有该平台标志的趣味短视频，迅速引发关注。越来越多明星的入驻为该平台带来了更多的热度与关注，平台因此爆火。基于平台的生态系统，视频发布者通过制作优质视频的方式，吸引更多粉丝，以流量带动流量，不断提升粉丝数量。粉丝通过该平台中的优质视频内容扩展知识面，对视频发布者产生价值认同。平台逐渐产生大量潜在的长尾客户，有效使客户价值最大化。

最后，在细分客户群方面，由于长尾客户基数大，企业通过价值预测、场景分类等方法对其进行数据分析，挖掘潜在价值客户，并将这些价值客户再次细分。通过细分客户的方式，企业能够实现从资产分层经营向细分客户群体经营的转变，为客户提供更符合需求的产品，引导客户逐步依赖于企业的产品。

7.2.7 星巴克的服务设计思维

星巴克是深受年轻人喜爱的连锁咖啡品牌。它之所以能发展到如今的规模，是因为它在保证产品质量的同时，售卖给用户的不仅是一杯咖啡，更是一种星巴克文化体验。我们可以从 5 个方面来分析星巴克的服务设计。

1. 以人为中心

以人为中心，说起来容易，做起来难。很多企业经常因为业绩、指标、预算等因素，过分关注竞争对手，而忽视了"用户第一"的原则。

星巴克对用户的选择从品牌名称中就已经体现了。星巴克（Starbucks）这个名称源于美国作家赫尔曼·麦尔维尔的小说《白鲸》中的角色，这个角色是一位酷爱喝咖啡的大副（船长的副手）。由于赫尔曼·麦尔维尔并非主流市场的作家，所以知晓这部作品的人大多是一些受教育程度较高、有社会地位和经济基础的人，这也是星巴克的目标用户群。

因此，星巴克门店的很多服务细节都在迎合这些人的需求，例如一流的咖啡豆、原木皮革的家具、昂贵的机器设备、高格调的背景音乐等。另外，星巴克倡导环保理念，例如用户自己带杯子可以享受折扣、举办涂鸦咖啡杯大赛等，满足了目标用户群的精神需求。

2. 共创

共创，即共同创造。星巴克属于服务行业，服务的创造过程和消费过程是同时发生的，服务提供者的现场表现会直接影响服务效果，所以他们也需要参与服务设计，具备根据现场情况做出判断的能力。除了服务提供者外，用户也需要参与共创，因为他们是接触到所有服务触点（咖啡、空间设计、服务生等）的唯一群体，例如星巴克的用户可以通过网上投票帮助门店选择背景音乐。

3. 服务有次序

服务次序对用户获得的服务质量有着重要影响，因为先做什么、后做什么，会直接影响用户的心理感受。

因此，要设计好服务的次序，把控好节奏，以让用户感到舒适为服务核心，使服务环节衔接顺畅、自然。用户了解整个服务流程的次序，明白什么时候会得到企业什么样的服务，就很容易对企业产生好感。

4. 有形的服务

如何让用户记住被服务的美好经历？这是很多企业都在考虑的事情。星巴克的做法是推出显性的周边产品和手办，例如马克杯、餐具、水壶、速溶咖啡等。这些东西既是服务的纪念品，又是宣传的利器。星巴克的猫爪杯因为独特的造型，吸引很多人排队购买。

5. 系统性服务

用户体验是一个完整的流程，所以即使企业能把某一个服务环节做到极致，但其他方面服务不周，产生的服务效果也依然不会理想。例如即使很多咖啡店推出比星巴克质量更上乘的咖啡，也依然无法抢走星巴克的用户，原因是这些咖啡店其他方面的服务无法和星巴克的媲美。因此，企业为用户提供的服务不能只关注某一方面，而是要综合考虑多个因素，同时满足用户的物质需求和精神需求。

另外，很多服务问题是企业流程设置不当造成的。例如，很多员工对他业务范围外的问题一无所知，一旦用户的问题涉及其他部门，他只能回答："抱歉，这个问题不是我负责的，所以我不是很清楚。"这就会使用户产生企业不想解决问题的想法。这些看似无关紧要的不良体验，日积月累后，就会爆发，使用户的不满上升到企业和品牌的层面。因此，企业的服务设计不仅要关注用户，更要关注流程。

服务设计是一种思维方式，它需要企业注重洞察用户需求，注重场景，注重流程，及时发现与用户互动过程中存在的问题，有针对性地解决问题，最终优化整个服务过程。

第 章

数字化组织：快速响应，灵活机动

数字化转型已经成为很多的企业的核心发展战略。在大数据时代，一个转型成功的企业比没有转型的企业取得更好的业绩，获得更多的利润。数字化转型在宏观经济层面已经很大程度地改变了企业的运营方式，使企业的经济面貌焕然一新。数字化转型不仅是大势所趋，更是提升企业竞争力的明智之选。当然，企业的数字化转型需要长久的战略计划，而执行数字化战略需要新型的数字化组织，只有这样才能使数字化战略扎实地落地。一个灵活机动的数字化组织比传统的组织更能够对多变的市场环境做出快速响应。

8.1 传统组织 vs 敏捷组织

敏捷组织被认为是生物型组织，同传统组织的金字塔垂直架构体系不同，生物型组织是非常有活力、可成长的网状体系组织。因此，它可以更灵活地对市场的变化做出快速响应，迅速适应新的环境，持续为用户提供高质量的产品。

8.1.1 从科层制组织到生态型组织

2020年突如其来的新冠肺炎疫情，让许多企业的线下业务按下了暂停键。而一些较早开始数字化转型的企业，及时进行了组织创新，以自身的数字化优势，灵活应对，及时止损，甚至创新了业务方向。

企业要以客户为中心，这是所有企业都在努力倡导并践行的。但是，在传统的科层制组织中，决策权掌握在高层管理者手中，最了解客户诉求的人拥有的权力反而最小，这样的企业根本无法做到以客户为中心，其本质还是以权力为中心。

在科层制组织中，一线业务人员没有决策权，虽然他们掌握最多数据，但不能灵活地响应客户诉求，任何决策方案都要层层审批，而每一次信息传递都会导致数据丢失，最上层的决策者只能掌握最少的数据，却需要做最重要的决策，因此企业的决策风险非常高。

为了让产品快速响应市场，以产品为中心的平台化组织得到了发展。每个产品都有自己的开发、运维、人力、培训等团队，并通过建立服务平台，满足用户基于产品的共性需求。

为了提高产品对市场的响应速度，A企业就曾做了组织架构的调整。在这之前，A企业的组织架构以区域为维度，按照国家、区域、城市划分组织，每个区域都有各自的业绩目标。这些目标是由上百个产品共同实现的，各个区域的策略不同，资源配置方式也不同，一些还有发展潜力的产品可能会因此被忽略。

所以，A 企业以品牌和品类为中心，制定了与品牌和品类相关的策略和目标，关注其在全球市场上是否成功，而不是在某个区域市场上是否成功。因为 A 企业业务复杂，所以用了将近 5 年的时间才调整了组织架构。

平台型组织还需要更敏捷地响应前端的客户需求，例如，为了参加"双 11"促销活动，组织集中力量满足一时的需求，但是活动过后，整个供应链会出现闲置，这种闲置会产生巨大的成本。而如果是开放型组织，企业就可以通过整合社会资源来满足临时的高需求，等活动结束后，再让资源回归社会，从而节约资源。

为了适应组织的开放性需求，生态型组织正在兴起。生态型组织是一种开放式的组织，每个人都是生态体系中的一员，都在为这个生态的发展贡献自己的力量。

例如，滴滴出行的共享出行平台就是一个生态型组织。在这个平台上，专车、快车司机构成了一个组织，都为用户提供服务，为平台"代言"。但他们与平台之间不存在雇佣关系，而是一种合约关系。司机进入组织后，会与平台签署一份协议，其中包括市场规则、法律规则、伦理道德等。组织内会有竞争，但更多的是合作，这类似于创造了一个大环境，只有大家共同维护这个环境，才能共同发展，否则就可能破坏这个生态体系。

生态型组织需要一个运营商。在滴滴出行的平台中，滴滴公司是运营商，它制定规则和标准，对生态内部的活动进行监控，并收取服务费用于这个生态体系的发展。生态型组织已经超越了传统企业的定义，它更加开放，可以提供多种服务，是未来企业组织发展的大趋势。

从传统组织到平台组织再到生态型组织，企业的组织架构会越来越敏捷，权力的作用被逐渐弱化，产品、客户、需求成为中心。

8.1.2　团队是组织的最小作战单元

传统组织是基于专业分工建立的，掌握不同技能的员工被安排到不同的岗位，组织内部存在数个职能部门。组织处于发展初期，组织成员数量较少，每个人都在为组织的壮大而努力，此时组织的利益远高于个人利益。同时，由于成员构成简单，组织内部可以实现无障碍地交流沟通和数据共享。但随着组织规模的扩大，业务场景会更加多样化，成员构成也会趋于复杂化，组织的业务流程会不可避免地出现信息不公开、不透明的现象，组织的效益也会随之降低。

而敏捷组织采用分布式的网状结构，组织扁平化，其中的最小作战单元是团队而非个人。这样最高决策能够迅速传达给各个团队，每个团队的成员只需要对项目团队负责。团队是由跨职能的个体构成的，因此，每个个体都可以参与并协助团队项目整体流程的顺利推进，实现业务流程的公开、透明、信息数据共享。

因为团队的规模一般稳定在 5 ~ 9 人，所以组织内部会存在多个团队，性质相近的团队享有的资源基本相同。而敏捷组织的团队考核指标以团队绩效为主，不会过分强调个体的业绩。因此，成员与团队的目标是一致的，成员会自发提高自身产出效率，进而提高团队的绩效。团队与团队之间会自然而然地形成竞争关系，而竞争也促进了组织的良性发展。

团队作为组织的最小作战单元，兼顾业务交付和组织发展两种责任。组织可以组建的团队主要有以下 4 种类型。

1. 价值流团队

它是能够实现端到端交付任务的团队，无需将部分工作交由其他团队处理。它是匹配业务领域和工作能力的可流动性团队，拥有完善的业务流程体系。

2. 赋能团队

它主要由特定领域的技术专家组成，负责为价值流团队赋能，提供其所需要的工具、技术等。

3. 平台团队

它负责向项目开发团队提供自服务的 API（应用程序界面）、各种支持和服务，例如各类基础设施平台、基础设施代码化的云原生相关平台等。

4. 专项团队

它主要负责构建和维护系统中严重依赖专业知识技能的子系统。专项团队的成员大多是相关领域的专家，他们的存在大大降低了其他以产品为导向的团队的认知负荷。

而敏捷组织中的 3 种团队合作模式分别是协作模式、X-as-a-Service（一切皆服务）模式以及教练模式。

1. 协作模式

协作模式是指两个团队密切合作，责任界限模糊，责任分担。在协作模式下，问题可以得到快速解决。

2. X-as-a-Service 模式

与协作模式相反，该模式是指一个团队为另一个团队提供服务或支持，各团队的责任界限明晰。

3. 教练模式

教练模式是一个团队在规定时间内帮助另一个团队快速成长，使其能够在业务中独当一面，独立完成一项任务。

高效的团队规模不应过大，根据贝索斯的"两个比萨"原则，如果一个团队的成员无法被两张比萨喂饱，那么这个团队就应该精简成员。因为人数过多的团队无法在短时间内达成一致的目标，会影响项目的进度，而小团队则有助于避免项目停滞不前甚至失败。

优秀的团队应当具备高内聚、低耦合的属性。每个团队内部的联系都是紧密的，每个团队都可以相对独立地完成组织项目中的某个子任务。这也是为什么每个团队都需要由跨职能的个体组成。

在成长为敏捷团队之前，每个团队的成员都需要经过长时间的合作，增强彼此之间的协作性，使团队进入高产期，从而为成为敏捷团队奠定基础。在团队成员磨合的过程中，团队要逐渐明确团队的目标以及团队的责任边界，打造合理的敏捷团队。

8.1.3 稳固的敏捷组织三角

三角形是最稳定的结构。从架构角度来看，一个稳固的敏捷组织拥有 3 个核心要素：业务、技术和团队。这三者构成了敏捷组织三角模型，如图 8-1 所示。三者能够保持相对平衡并互相促进，形成一个完整的组织闭环，是敏捷组织持续、健康发展的关键。

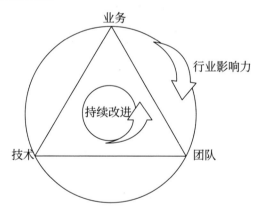

图 8-1　敏捷组织三角模型

敏捷组织在成长过程中会不可避免地遇到很多阻碍，有些来自业务上的痛点，有些来自环境中的问题。当这些痛点和问题映射在敏捷组织三角模型中时，敏捷组织就会失去支撑的核心力量。例如组织内部缺乏生机型的组织文化，缺乏合理的柔性管理措施，导致组织内风气不正、效率低下；业务与团队之间缺乏分层的项目管理机制，项目人员构成混乱，难以推进项目进度。这些都会影响组织的成长，影响组织的正常运转。

业务与技术的融合、技术对团队的赋能、团队对业务的管理，都是敏捷组织形成稳固三角架构的重点。如果要修复断点，企业必须要意识到团队是组织的最小作战单元，能够保障组织最基础的灵活性和敏捷性。

组织要构建跨职能的团队，而非功能单一的职能部门。跨职能团队能够有效缩短产品交付周期，提高业务流程的透明度。如果为每一个项目都组建团队，那么组织的成本势必会大大增加。因此，组织只需要面向特定的领域组建长期稳定的团队即可。而其他领域的项目，可以从人员充沛的团队中临时抽调人手组建团队，由于有着前期的磨合，因此组建的跨职能团队的协作效率也会大大提高。

8.1.4　字节跳动如何让 5 万人在家协同办公

字节跳动是全球知名的互联网企业，旗下员工众多，目前正式员工已超 5 万人。2020 年的春节是一个特殊的春节，各行各业都笼罩在新冠肺炎疫情的阴影下。为了防止人员流动带来新一轮传播高峰，大部分互联网企业都选择了在家远程办公。字节跳动也不例外。

即使对于字节跳动这种互联网大厂来说，如此长时间的在家远程办公也是一个不小的挑战。根据相关统计，在居家办公期间，钉钉、腾讯会议等远程办公 App 的下载量骤增，而字节跳动旗下的飞书办公软件也在手机商店实现了持续霸榜。飞书负责人谢欣曾表示，沟通对于信息的创造、分发、流转和消费至关重要。因此字节跳动很重视飞书的发展，飞书甚至是企业最重要的一个通用工具。

远程协同办公是将很多工作任务转移到线上，创造一个共同的线上办公环境。协同办公主要体现在工作的产出内容共享，员工的工作计划共享，以及员工能够看到其他员工的时间安排。在协同办公的模式下，员工自己主动调整自己的工作进度，协同完成团队任务，这对于员工改变工作习惯很有帮助。

下面具体讲述字节跳动是如何让 5 万人在家协同办公的。

首先，字节跳动做好了基本的保障工作。例如为需要公司电脑的员工加急邮寄电脑，为海外员工备齐办公设备，确保员工有工具办公。员工居家办公，环境和心态都比较轻松，很影响办公效率。因此，为了规范办公流程，使员工进入工作状态，字节跳动要求每位员工在开始办公前都要进行拍照打卡，向大家展示自己的工作环境。

为了统计员工的健康状况，飞书特别开发了"健康报备"的功能。每天AI机器人都会提醒员工主动填写健康情况，并将信息整理，自动发送给团队管理者。为了开发这个功能，字节跳动让身处10多个城市的10余位员工协同办公，甚至让身处海外的产品经理同步在线。他们用敏捷并行作业的方法，建立飞书文档和沟通群组，对任务进行拆解、分配，并通过飞书项目进度管理更新需求，经过多反馈渠道和测试群组测试完成迭代。"健康报备"功能上线之后，字节跳动的员工每日健康情况申报率达到100%。

其次，字节跳动非常重视沟通工具的迭代。从成立之初，字节跳动就一直致力于搭建一个机动、灵活的沟通平台。出于企业发展的考虑，字节跳动曾更换过多款办公软件，如图8-2所示。

图8-2　字节跳动沟通工具的变迁

随着时代的变迁，字节跳动的管理者发现寻常的沟通工具已经不能满足企业员工对于沟通的需求，于是字节跳动自主开发了飞书这款工具，而飞书也随着功能的不断完善成为一款功能齐全的办公套件。飞书的功能包括日常的文档编辑、语音或视频会议、智能日历等，并在持续迭代一些新的功能，例如脱胎于线下头脑风暴的思维笔记功能。此外，由于视频会议这一功能并不能满足员工长期居家协同办公的需求，因此飞书中出现了线上办公室的功能。线上办公室模拟真实办公场景，团队成员可以基于语音功能，全天在线上，有需要时就能立即展开讨论。这样使居家办公也能够变得自然、轻松，没有压力。

再次，字节跳动选用了正确的考核方法。由于长期居家办公，若不适当地对员工进行督促和考核，很多任务没有办法按期交付。因此，字节跳动采用OKR 工作法，对团队进行考核。OKR 注重结果也注重目标，很适合在员工居家远程办公、企业很难了解员工工作进度的情况下使用。

最后，字节跳动还强调，即使是居家远程办公也要人性化，也要对员工进行人文关怀。例如通过线上的方式给入职两周年的员工举办庆典；公司管理层拍视频对居家隔离的员工进行鼓励；团队成员一起云健身、线上 K 歌等。这些举措在居家远程办公的情况下增强了企业与员工的情感连接。

8.2　高管团队在敏捷组织中的职能

在传统的组织中，管理者位于金字塔架构的顶端，高高在上，负责发号施令。而在敏捷组织中，管理者由领导者转变为赋能者，充分激发员工的主动性和积极性，让组织更加灵活、高效地运转。

8.2.1　数字化领导力

企业发展战略决策不仅依靠管理理论、数据和信息质量，企业管理者的领导能力也是一个重要的影响因素。企业所采集的数据、信息、资讯是中性的，同一个资讯、信息在不同的企业管理者眼中可能是积极的，也可能是负面的，因此不同的管理者做出的发展决策可能是激进的，也可能是保守的。

管理学大师彼得·德鲁克（Peter F. Drucker）在其 1985 年出版的《创新与企业家精神》著作中认为："企业家就是赋予资源以生产财富的能力的人。"企业家精神在企业核心竞争力的形成机制中起着决定性的作用。

进入万物互联的时代以来，企业的性质和外在环境都发生了巨大的变化，有的企业的组织机构更加庞大，有的更加扁平且灵活，有的管理功能更加复杂。

快速的信息传递与互动，导致企业之间的联系越来越紧密，企业间的边界也越来越模糊，推动企业发展的资源也在更大的范围内重新组合和优化配置。

充分的数据、正确的分析模型、完善的市场信息系统能减少决策的很多不确定性因素，同类企业成功的要素越来越多地可以被复制或洞察。快速的资讯传递，也加速了市场的迭代发展，加速了潮流与风行，消费者需求个性化、差异化特征明显，影响企业增长决策的因素更加复杂和多样化。

企业管理者做出正确的决策的难度越来越大，以其商业直觉、过往经验为基础的传统决策方法已远远不能满足日益复杂的战略决策的需要。数字化时代的企业发展决策，是要将定性决策（企业家精神）与定量决策（大数据分析）相结合。数字化的运营方式与数字化的领导者思维相结合，才能保证企业不被时代淘汰。

8.2.2　适应性领导

传统的管理者喜欢利用自身的权威解决问题，通过行政指令进行管理，而这样的管理方式并不适合敏捷组织。敏捷组织需要的是适应性领导，它指的是管理者需要采用不同的方式，来应对企业在数字化世界中的种种变革，如图 8-3 所示。

图 8-3　适应性领导的核心目标

1. 构建一个高响应力的企业

敏捷组织要足够灵活，对市场有高响应力，这样才能在充满不确定性的时代中把握机会，用用户的反馈指导决策。

2. 持续发布价值

应对市场变化的关键在于服务好用户。敏捷组织需要以价值和用户需求为驱动，为用户持续提供高质量服务。

3. 建立适应性创新文化

适应性创新文化指的是鼓励协作、注重培养和提升员工创新能力的文化，这样的文化可以让一线员工具有决策能力，以及时对关键问题进行处理，保证企业的灵活性。

针对这 3 个目标，各个层级的管理者需要从以下 8 个方面展开工作，如图 8-4 所示。

1.少做	2.优质	3.持续机会管理	4.快递价值交付
5.适应	6.探索	7.驾驭潘多拉	8.融入

图 8-4　适应性领导的 8 大关注点

1. 少做

少做指的是少做周期长、涉及范围大的项目，例如从立项到交付需要 1 年以上的项目。管理者需要具备精益思维，快速交付产品，及时把握机会。

2. 优质

优质指的是团队要以质量为中心，以用户需求为导向，做让用户满意的、高质量的产品。

3. 持续机会管理

如今的商业环境更加复杂多变，充满了不确定性，这样就增加了机会管理的难度。对此，管理者要进行持续的机会管理。正所谓"机会是留给有准备的人"，机会管理不应停留在会议动员和文件传达层面，而要建立快速反应和团队联动机制，让各部门形成机会管理机制，摊薄机会成本，提高团队合作动力、反应速度和工作成效，抓住一切可能快速形成决策。

4. 快速价值交付

快速价值交付指的是将根据用户需求形成的决策快速交付给客户获得反馈，在不断的实验、测试中完善、改进工作，不断探测和感知市场。

5. 适应

管理者要相信团队有适应变化的能力，尽量不要只提出问题，而是要提出可能的解决方案，根据方案"测量"工作成果。

6. 探索

管理者需要跳出"计划—执行"的传统逻辑，尝试在企业内设定一个愿景，然后据此去探索问题。在如今这个多变的环境中，没有什么计划可以一成不变，管理者需要学会常做计划。

7. 驾驭潘多拉

潘多拉指的是难以证实或证伪、看似矛盾的声明或荒谬的断言。在项目进行过程中，可能会出现"定义正确而结论谬误"的情况，这通常是因为管理者过于关注"定义正确"而忽略了假设条件与现实场景契合度不高。因此，管理者在定义指标时不但要注重形式，还要检验它反映目标的真实程度。

8. 融入

管理者要尝试走出办公室，融入员工中和员工成为合作伙伴，为团队创造一个协同环境，营造为实现愿景而共同努力工作的氛围。

8.2.3　从领导者到赋能者

敏捷组织和传统组织最大的不同就是赋能，这也导致了管理者的职能发生转变，即从领导者到赋能者。

如今"Z 世代"的员工不再仅仅满足于物质激励，也不再乖乖服从指标管理，他们会关心自己的能力能带来哪些改变，也关心企业的平台能否帮助他们将自身价值最大化。这意味着管理者需要激活员工的自我效能和成就动机，也就是赋能员工。一个人一旦被赋能，他的自我驱动能力会明显提高，而且更加乐于迎接工作挑战，主动发挥自己的智慧和技能。

那么，管理者应该如何给员工赋能呢？

1. 建立向上反馈机制，从细微之处开始变革

向上反馈机制并不是传统企业中空有形式的意见箱，而是真正在企业内部构建一种开放、平等的文化氛围。向上反馈机制在于培养员工的合伙人意识，激活员工的自主意识。充分听取反馈是变革的开始，它能帮助管理者看到企业发展的细微之处，从而保障后续的变革顺利进行。因此，管理者一定要重视员工的反馈，而不要蔑视和批评员工，避免让员工不敢想、不敢说。

2. 建立实验组，充分放权

管理者可以在一线团队中建立实验组，给员工下放一定的决策权。决策权是激发员工自我效能的最有力武器。员工一旦可以更加独立地进行工作，不需要事事请示上级，就会逐渐形成独立思考、承担责任的习惯，从而更好地应对突发状况，这样整个团队的反应也会更迅速、及时。

3. 为下属护航，授人以鱼不如授人以渔

实验组在实验的初期必定会遇到各种各样的问题，管理者应该与员工一起解决业务问题，并从中总结出一般性方法论。对此，管理者需要应用"拉模式"，即管理者拉着员工走，给员工充分授权，引导他们对客户负责，而非对领导

负责。

但是管理者要对员工负责，帮助他们提升效能感，指导他们掌握做事的方法。另外，必要时，管理还需要充当"救火员"的角色，帮助员工弥补工作漏洞。

4. 有想法马上执行，错了立刻迭代

纸上得来终觉浅，绝知此事要躬行。想百遍，不如做一遍。不管是建立向上反馈机制、成立实验组，还是教授员工工作方法，都是为了让实验组运转起来。如果实验组有想法，管理者需要立刻鼓励他们去做，即使出现错误也不需要过分纠结，马上迭代就好了。互联网带给我们的最大的便利就是可以及时纠正错误，而新事物往往需要反复试错才能找到最佳发展路径。

8.2.4 创新型管理的技能

在数字化时代，想要实现数字化转型的企业需要有一位创新型管理者。创新型管理者需要具备以下几个技能。

1. 对企业如何适应数字时代有清晰的规划

管理者需要构思一个可以被整个企业理解并且可执行的计划，将数字化融入业务的每个部分，而不是单独将其作为一个离散的项目。在这个计划中，所有利益相关者都需要看到数字化的潜在回报，并了解自己如何做才能为计划的实现做出正向贡献。

2. 不断输出好的产品和服务

当今社会，"酒香不怕巷子深"的经营模式已经不再适用于竞争激烈、期望高、容忍度低的市场环境。数字化企业的管理者需要努力提供更讨用户喜欢的产品和服务，力求为用户创造价值，并为产品和服务的持续改良制订计划，从而使产品和服务在市场上能一直保持竞争力。

3. 构建可扩展、灵活且安全的平台

技术基础设施不是成本，而是推动增长的资产。其中，以客户为中心的平台最具可扩展性、灵活性和安全性，可以增强新产品功能并将其快速推向市场。管理者要善用平台，以增强业务运营的灵活性。

4. 利用数据和洞察力推动企业发展

在数字化企业中，数据、洞察力和行动在各个层面都至关重要。数字化管理者需要具备规整数据并对其进行优化的能力，这样才能在企业内做出各种决策，指导行动。

5. 紧跟数字化发展的步伐

数字化管理者需要一直紧跟时代潮流，保持数字化思维，并在企业中营造敢于实验和快速迭代的环境。这样当一个新的流程或客户需求出现时，团队才能不拘泥于旧的流程模式，勇于创新。

8.3　如何做规模化组织变革

传统的"公司＋雇员"组织体系较为稳定、分工明确，但这一组织体系在互联网时代已经弊端初现，不再适用于多变的市场环境。而通过规模化组织变革，"平台＋团队"这一组织体系能够快速响应市场变化，促进组织更好地适应时代发展。

8.3.1　规模化组织面临的问题

在企业的数字化转型进程中，规模化组织发展所面临的最主要问题是团队、管理和业务发展落后于时代。

组建团队，首先需要人才。当组织规模发展到一定程度时，原有的员工数量和质量都逐渐跟不上市场的需求。很多组织为了快速增加员工数量，开始广泛地招聘。但是新的人才加入团队之后，对组织的业务不熟悉，成员之间的磨合期也较长，导致自身才能无法完全发挥出来。加之组织对人才期望过高，导致最终双方都不满意。组织持续聘请人才，人才却不断流失，组织的业务环境动荡不安。

在管理模式上，传统的管理模式不再适用于新型的组织结构，组织需要一个先进又切实可行的管理模式。很多企业急于求成，生搬硬套其他企业的管理模式，最终使自己成了"四不像"，业绩连连下滑。好的管理模式往往是一个企业精神、文化、理念的升华，脱离企业实际情况的管理模式只是徒有虚表的空架子。

而在业务流程上，传统的以业绩为导向的模式已经被淘汰。面对复杂多变的市场，企业唯有以用户为导向，实时响应用户需求，才能在市场中占有一席之地。而且由于组织规模的扩大，业务环节的增加，各个职能部门各自为伍，业务的数据信息散落在各个环节，组织缺少一个公开的协作平台。

因此，企业若想实现规模化的组织变革，需要从多个角度入手，全方位地解决企业发展过程中存在的问题。

1. 重新定义团队

企业要根据新时代的团队定义，重新审视团队的属性和团队的合作方式。一个组织拥有多种类型的团队，例如价值流团队、专项团队等，组织要根据业务的性质组建不同类型的团队，力求能够在最短时间内交付任务。企业要以试点团队为牵引，根据业务和技术边界，逐步形成稳定的团队，重点培养核心人才，最终形成组织的三角模型核心力量。

三角模型核心力量主要包括员工思维、员工能力和员工管理3方面内容。员工能力指的是企业员工（包括管理层）具备实施企业战略规划、打造敏捷组织所需的知识和技能。员工思维是指企业员工展现出的与组织能力匹配的价值观。员工管理主要指企业提供资源支持，使员工能够充分施展才华。

2. 重塑企业文化

企业文化属于企业中的上层建筑，对于塑造企业的信念，明晰企业的发展方向，提升员工的工作效率有着十分重要的影响。根据顿巴数原则，当一个组织的人数超过 150 人，最高管理者的影响力就不可能触及所有人了。因此，管理者若想在组织的内部关系中继续影响员工，就要建立持续改善的文化机制。管理者要在更大规模的组织内营造创新与工程师文化，促进跨职能的知识分享和学习氛围传播。

8.3.2　黏合敏捷组织三角，提升团队战斗力

在传统组织中，支撑组织运转的核心要素一般是时间、成本和范围。而在敏捷组织中，敏捷组织的三角模型要素是业务、技术和团队。三者的平衡、稳定，是支撑组织成长和发展的核心力量。

而面对来自组织内部和外部各方面的压力和阻碍，三角模型在业务、团队和技术方面也存在诸多痛点。为了能够黏合敏捷组织三角，提升团队战斗力，组织可以通过建立项目管理中心、技术架构委员会和开发者体验平台黏合敏捷组织三角模型，凝聚组织内的各个团队，如图 8-5 所示。

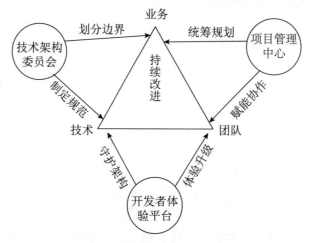

图 8-5　黏合敏捷组织三角模型

敏捷组织的平台和力量能够黏合三角模型的断裂处，统筹各个团队，使其有序运作，形成强大的战斗力。在这个过程中，组织既要强调标准和规则，使团队的运作流程规范化，又要给团队留有灵活、自主的空间。

1. 建立直属项目管理中心

项目管理中心是业务和团队的黏合剂。它既可以统筹各项业务的规划动作，又可以规范分级项目管理流程，制定满足业务需要的路线图。它能够进行跨层级、跨职能的沟通与交流，还可以在组织内部将计划、实践标准化、规范化，形成一套有据可查的流程体系。当负责推动任务的机能产生冲突时，项目管理中心能够及时进行调停，协调各方形成平衡态势，赋能团队继续推动任务的进程。

此外，项目管理中心还能够赋能团队协作，帮助团队培养所需人才，促进团队形成更加完善、合理的阵型。

2. 建立技术架构委员会

技术架构委员会是业务和技术的黏合剂。它既能够对技术进行规范，又能够划分业务的边界，还可以降低团队的认知负荷和沟通成本。同时，技术架构委员会还可以建立最佳制度约束技术、组件间的集成，监控技术实施和组件的质量，防止组织架构腐坏。

3. 建立开发者体验平台

开发者体验平台是技术和团队的黏合剂。它主要负责促进各职能间的顺畅沟通，打破信息孤岛，提升团队端到端的交付体验。开发者体验平台能够为组织及时、全面地提供需求、管理、研发、迭代、发布、运营等环节所需数据，进而提升员工、团队、组织的工作效率。同时，开发者体验平台还能够将规范、体系、制度落地为具体的工具，守护技术架构和规范。

这些措施可以让组织拥有强大的前、中、后台，给予团队充分的自主空间，让组织实现自上而下的共同治理，建立起多元生态体系。只有这样，才能够充分保障敏捷组织三角模型的稳定性，团队的竞争力才会大大提升。

8.3.3 通过试点找到敏捷团队的落地方式

敏捷开发实质上只是一个概念，而若想将概念落地，打造真正意义上的敏捷团队，就需要运用各种方法论和实践方法。敏捷的方法论与实践方法有很多，例如精益软件开发、探索性测试、测试驱动开发、试点落地实践等。

通过试点，组织可以沉淀一套符合业务需要和团队增长节奏的落地实践方法。这套实践方法可以帮助团队规划产品体系，通过虚拟团队模拟的方式明确需求的优先级，进而形成有节奏的迭代规划，聚焦高价值的任务交付需求。当需求相对稳定后，实际上就形成了符合"两个比萨"原则的稳定小团队。因此，团队可以更好地完成价值交付，团队也有更大的发展空间。

当团队试点的敏捷落地方法得到了证实，接下来可以在组织内推行这套落地方法。在组织内，首先，要通过选拔或招募的方式识别敏捷组织三角模型的种子员工，并对其进行专项培训。其次，组织要帮助种子员工进行实战，扩大其在团队中的影响力，并按照合理的方式拆分业务，划分团队边界。最后，不同团队要根据运转方式的不同形成不同的落地方法，并根据业务的需求，持续演进技术架构和团队。

而通过内部、外部双循环的方法，对内能够为组织嵌入持续改进的DNA，对外则能够塑造生机型文化。组织要根据数字化发展规范，确定持续改进的方针，组建教练队伍，负责整个组织的持续改进，并挑选出闭环跟踪的主责人。主责人要负责制定落地措施，培养团队的自我改进意识。此外，主责人还要构建驱动改进的度量体系，坚持持续改进的机制，建立规范化的度量指标，指引团队工作的改进方向，通过召开回顾会议、总结会议等方式对工作进行复盘，使团队改进工作形成闭环。对外则通过塑造生机型文化，增强组织在行业内的影响力。例如通过举办创新大赛、专题研讨会议等方式为组织营造创新型文化和自主学习的氛围。

当然，在敏捷团队落地方式的实践过程中，组织总会遇到各种各样的困难，很多方法需要根据数字化进程进行切合实际的调整。但是在这个过程中，敏捷团队一定要始终坚持一个原则：以用户需求为导向。

敏捷开发的核心是"小步快走，高频迭代"。"小"是指每一次的落地需求要小，能够独立预测到。"快"是指当每一次的需求足够小时，任务也会变得简单，交付也会足够快。而"高频迭代"是所有敏捷开发产品的重点，没有哪一次的版本是完美无缺的，市场在变化，用户的需求也在变化，只有快速迭代优化，及时将满足用户当前需求的版本交付，做到灵活响应，才能够在市场上长盛不衰。

8.3.4 重新设计组织架构

组织架构是企业进行规模化组织变革的基石，它包括组织的运行规则、基础设施和规范管理。如果将组织比作一个人，那么组织架构就是支撑起这个人的骨骼和筋脉，其余肌肉、内脏等依附它而存在，同时它还负责调节人体的生理机制。可以说，没有组织架构，这个人就不会存在。因此，组织若想顺利推进规模化组织变革，必须顺应组织发展形势，贴合组织实际情况，重新设计组织架构。

1. 建设公共基础设施

从长远的发展角度来看，敏捷组织终将朝着去中心化的方向发展。但是在当前阶段，组织和团队的发展依然需要依托于稳定的服务平台。构建稳定的技术架构和开发者体验平台是敏捷组织按时交付任务的重要保障，而且它还能够为企业进行数字化赋能。

一方面，组织整合以往的资源与能力，结合先进的数字化技术，打造稳定的技术架构，建设全方位服务的企业级平台，为前台各项业务进行赋能。而另一方面，企业级平台能够作为敏捷组织发展的重要基石，实现组织能力的沉淀，进而促进企业资源的调配优化。同时，这样的平台也为组织的去中心化发展提供技术架构储备。

2. 搭建敏捷组织体系

敏捷组织机制是实体架构平台的重要补充，负责推动敏捷组织高速运转并内化敏捷组织的理念，保持组织的韧性。敏捷机制贯穿整个组织，它为各个敏捷组织与架构平台之间的协作赋能，为其提供源源不断的活力。组织通过敏捷机制的牵引实时响应组织内部与外部市场的需求，能够在最需要的地方迅速实现局部敏捷。敏捷机制能够在组织架构的基础之上，围绕动态需求持续改进，针对不同的组织进行不同类别的需求补位。

敏捷机制兼顾组织的宏观考量与微观专业视角，掌控组织内的敏捷团队。这些敏捷团队会进行各种各样的任务作业，而贯穿整个组织的敏捷机制将会通过标准化与规范化的手段，确保业务战略的顺利推行，同时向各敏捷团队输出敏捷开发所需的工具和知识。

在全组织敏捷实体架构之上，作为动态能力中心，敏捷组织要实现动态能力的全方向贯通，确保动态能力能够沿着敏捷机制这一经脉，在组织内部灵活流动。

3. 建立运转规则

敏捷组织运转规则负责规范、调节敏捷组织内部各个团队之间的业务流程与关系。敏捷组织运转规则能够促进整个组织的资源以敏捷需求为导向进行动态分配。在实践中，企业常常基于传统的单一职能部门分别设定团队的运转规则。但是在敏捷组织中，从组织全面实现规模化改革的长远视角出发，组织必须要打通底层敏捷团队运转规则。只有这样，才能奠定敏捷组织的成长基础。例如，在组织内部可以设定统一的业务价值评估体系、项目管理标准等。

一套完整的敏捷组织运转规则可以使各敏捷项目的设立目标、招募成员、开展业务等环节有可依据的准则，实现规范化的项目运作，从而让敏捷不只应用在前端业务和后端开发，而是真实地融入了组织的每一处。

例如，某企业就将组织原来的矩阵架构改为了小队架构。我们可以将小队比作一个成员相对固定、功能齐全的微型企业，它具备开发和发布产品所需的所有知识和技能，能够独立地完成项目。同时，它还有特定的功能团队为其他小队提供专业知识领域的支持，以及基础设施。小队提供的各种开发平台和工具，让其他小队减轻认知负荷，更快、更好地完成工作目标。

8.3.5 招贤纳士，激励人才

企业要进行规模化的组织变革，需要人才的支持。传统的雇佣制度从经济人假设的角度出发，认为员工工作的目的只是获取经济报酬。在物资匮乏的年代，这一雇佣制度很好地支持了企业的运转。但是随着时代的发展，人们生活水平的提高，单纯的经济报酬已经无法完全满足员工需求，员工离职率也逐渐升高。

而与经济人假设相对的社会人假设则认为，员工工作不仅是为了获取报酬，还是为了社交，为了维持人际关系。若想提高员工的产出，企业的管理者就要关注员工的心理状况，满足员工的需求。企业要多给予员工集体奖励，提升其集体荣誉感，让员工参与到企业的管理中来。但是由这种依赖非正式组织，即员工小团体的假设衍生出的雇佣制度，并没有获得想象中的成功。因为其太过于看重非正式组织关系，导致很多人才认为这种缺乏规范化管理的企业没有前途，从而离职。

复杂人假设认为员工工作的目的是复杂的，因为人是复杂多变的动物。在不同组织或同一组织中不同团队工作的员工都有着不同的目的，而工作动机不同的员工对同一个管理模式也会产生不同的反应。但是他们都遵循一个原则：只要获得的利益大于付出的代价，那么他们就会安心地在团队中工作，支撑组织平稳运行。

在互联网时代，企业招聘人才的方式多种多样，例如人才市场、网络招聘、猎头公司、内推等。人才市场适合企业招聘普通的技术或管理类人才；网络招聘信息传播速度快，覆盖范围广，是目前大部分企业首选的招聘方式；猎头公司在招聘高级管理、技术类人才方面非常有优势，一般来说，猎头公司对大型企业的用人现状十分了解；而内推一般是用来招聘高级人才的，需要介绍人对被介绍人的情况有着十分透彻的了解。

在规模化组织变革中，理想的人才分布结构是橄榄型：中间大，两端小。中间部分是骨干人才，一端是高级人才，另一端则是一般人才。这 3 种人才是依据能力、素质差异进行划分的，但是划分结果并非一成不变，而是可以动态变化的。高级人才一般是核心业务团队的管理者，骨干人才大多为次级业务团队的管理者，而一般人才大部分都是团队成员。在橄榄型人才分布结构中，人才边界是模糊的，可以进行相互转换。这是敏捷组织的人才结构特点，与规模化组织变革需求相符合。

而为了达到这一相对稳定的人才结构，企业除了根据经济人假设原理为员工提供符合其期待与工作水平的经济报酬外，还需要为其提供合理的岗位上升机制，让员工在企业管理中拥有参与感，提高员工对企业战略的认可度。此外，企业还应当注意员工在企业内的社交关系，一旦员工与企业或员工与员工之间出现冲突，团队管理者应当及时进行调节，快速解决问题。同时，团队管理者应当避免员工之间组建小团体，以防引起组织内部的动荡。

除此之外，企业还应当做到全面赋能员工，注重人才成长。企业应当开办人才培养训练营，注重关键岗位人才的培养以及为种子员工提供实战机会，使其快速成长。同时，一个优秀的敏捷组织还应当营造浓厚的创新、学习、共享氛围，使员工内心有收获感，形成良好组织氛围。

企业应当清楚，越是优秀的人才，拥有的选择也越多。因此，除了为其提供物质报酬和良好的组织氛围外，企业还应当为其描述清晰的企业发展愿景。此外，企业应在满足应聘人才基本需求的基础上，运用人力资源管理的专业技巧，突出企业的与众不同之处，将企业远景与人才个人发展规划进行有机联系，由企业雇佣人才转化为企业与人才共同成长。只有这样，企业才能够为规模化组织改革吸引人才并留住人才。

8.3.6 海尔：从科层制到小微生态圈

海尔集团是全球领先的家电品牌。2021年1月，世界权威的调研机构欧睿国际发布了2020年全球大型家用电器品牌零售调查报告，数据显示，海尔的大型家电零售量位列全球第一，这也是海尔第12次蝉联全球第一。

如今的海尔，已经从一家资不抵债的传统家电制造企业，变成一家引领物联网时代的生态型孵化平台。随着数字技术的发展，海尔展开了数字化转型，从组织架构、经营理念、薪资模式等方面全方位地颠覆了旧有模式。正因如此，越来越多的企业家前往海尔进行调研与访谈，学习海尔的组织转型经验。

随着经营理念的升级，海尔CEO张瑞敏提出了"人单合一"的新型商业模式。这是一种将员工价值与用户价值进行紧密结合的商业模式，在这种模式下，员工将以满足用户需求为己任，直接与用户对接，管理人员则成为资源的供给者。10余年的探索使这种商业模式在海尔初具规模，提升了海尔的沟通和决策效率，增强了海尔的市场竞争力。

这种经营理念的变化同样带来了组织架构的变革，海尔的组织架构从传统的塔型科层制转变为新型的小微生态圈，如图8-6所示。

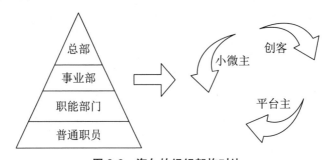

图8-6 海尔的组织架构对比

与此同时，"人单合一"的商业模式也改变了海尔的薪资模式。它将员工的薪资标准由上级评价、企业付薪转变为用户评价、用户付薪，最大限度地提升了员工对于用户需求的重视程度。此外，海尔创立的独特的经营核算体系，将战略损益表、日清表和人单酬表作为员工工作的考核依据。这几张表单增强了工作内容、工作重点、工作目标、工作奖励等信息的透明度，有效激发了员工的工作热情。

海尔利用自身的渠道以及技术优势，为各个高校的洗衣机安装了物联网模块，高校的学生可以通过"海尔洗衣"App 查询并预约闲置状态的洗衣机，再借助第三方支付平台进行付款。每完成一笔交易，海尔洗衣都能从中抽取 10% 的服务费用。在海尔的资源支持和小村资本的资金支持下，这个项目很快就取得了成功。试运行仅一年，小村资本的投资收益就获得了 10 倍的增值。

在创业初期，海尔为海尔洗衣引入了风险资本方小村资本，在聚集社会资源的同时降低了团队的创业风险。当海尔洗衣的发展步入正轨后，海尔则溢价回购了小村资本持有的部分股份，再吸引新的风险投资，并不断推进海尔洗衣的上市计划。

在海尔内部，还有许多类似的创业项目，这些项目使海尔变成一个孵化平台。那些具有想法和能力的创业团队都会得到海尔的大力扶植。

这种孵化模式不仅使海尔从传统的扁平化的组织架构升级为引领物联网时代的创业项目孵化平台，还帮助海尔规避了创业风险，盘活了闲置资源。这种生态型的组织转型势必会成为大型企业进行组织转型的新态势。

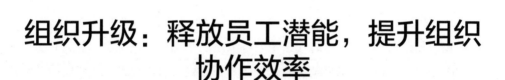

第 **9** 章

组织升级：释放员工潜能，提升组织协作效率

列夫·托尔斯泰曾经说过："一个人若是没有热情，他将一事无成，而热情的基点正是责任心。"在企业中，只有员工对工作充满责任心，热爱这份工作，他才可能释放自身的潜能。当每位员工都充分发挥自身的潜能，组织的协作效率就会大大提升。在企业数字化转型过程中，组织升级是转型的驱动力。在实施战略目标之初，一个成熟的领导者会专注于全局，组织全体员工集中精力将愿景变成现实，而不成熟的领导者往往会忽略组织协作的作用。组织协作效率低下，会造成企业成本的增加与收益的减少。

9.1 组织成长：自我管理的敏捷组织

一个成熟的组织是具有自我管理意识的敏捷组织。敏捷组织奉行以人为本的理念，重视员工的自我提升。同时，敏捷组织通过数字化技术为团队赋能，应用先进的技术，产品能够快速迭代上线，整个组织拥有一致的目标愿景。

9.1.1 共享愿景

企业若想顺利推进数字化转型，必须统一企业内部的目标愿景。组织的数字化商业愿景既是大数据时代组织业务战略的基础，也是组织商业战略的重要组成部分。近年来，越来越多的学者认为企业陷入组织危机的主要原因是组织缺乏共享愿景。具有吸引力、清晰的共享愿景是组织成长和自我管理的基础。

共享愿景可以提高组织效能，扩大绩效评估范围。具有共享愿景的企业，其收益率和员工整体素质水平都较高，因此投资人在投资时更偏好具有共享愿景的企业。同时，共享愿景还能为企业制定发展战略提供基础，防范组织危机，凝聚企业内部人心。共享愿景还可以促进组织改革，是使传统集权式组织转型为柔性管理组织的关键。此外，一个有吸引力、切实可行的共享愿景能够吸引有想法、有能力的人才加入企业。共享愿景可以带领全体组织员工和管理者一同朝着既定目标努力。

组织的成长应当与基于共享愿景所做出的战略规划相匹配，并从组织结构、员工培训、岗位设置等多方面进行调整。共享愿景是组织成长的基础，也是组织升级的指路明灯。

共享愿景应当分阶段地建立，具体可以分为告知、宣传、测试、咨询商议和共同创造 5 个阶段。

1. 告知阶段

组织的共享愿景应当由领导者或管理层根据组织的实际情况考虑决定，从大方向逐渐细化直至最终确定共享愿景内容，并且以简洁、清晰的语言或图表告知组织成员。合理的共享愿景易于员工理解，并能使员工根据愿景及时调整自己的工作状态。需要注意的是，在将共享愿景告知员工时，企业要采取一致、清晰的传达方式，并向员工表明共享愿景中的哪部分可以调整，哪部分是一定要坚持的。

2. 宣传阶段

组织要对共享愿景进行全方位、多渠道的宣传，例如可以将共享愿景制成小册子或者宣传录像来反复宣传，使之深入人心。在这个过程中，宣传者要身体力行，在实际情境中以身作则。而且领导者要用实际行动鼓舞成员接受愿景召唤，上下一心，一起为共享愿景而努力。同时，领导者应随时与成员保持沟通，鼓励他们自发投入对愿景的宣传与践行。领导者不仅要勾画出具体的愿景内容，还要将宣传重心放在共享愿景能够带来的好处上。

3. 测试阶段

领导者必须深入了解组织成员对共享愿景的真实想法。因此，领导者要为成员提供多种信息反馈渠道。例如在进行问卷调查时，可采用匿名的方式，打消成员的顾虑。同时还要注意避免抽样调查，即使需要花费大量时间，也应当收集全部组织成员对共享愿景的意见或看法。否则如果出现组织成员拒绝认同共享愿景的情况，领导者也无法及时做出反应，这样共享愿景的作用会大打折扣，无法获得全体成员的大力支持。

4. 咨询商议阶段

在对成员意见进行收集后，领导者与管理人员要综合各方反馈，对共享愿景进行修改，使共享愿景更加具有可行性。

5.共同创造阶段

该阶段为共享愿景落地阶段。领导者和管理人员要践行共享愿景，用榜样的力量带动组织整体向着既定目标前进。

9.1.2　团队赋能

近年来，随着数字化转型进程的加快，赋能成为一个高频词汇，例如业务流程赋能、生产线赋能等，而团队赋能无疑是组织管理者最关心的一个方面。实际上，在未来组织中，团队最重要的任务就是赋能。

所谓团队赋能，是指企业在数字化转型过程中，通过权力下放以及各种制度保障和服务，使团队成员在行动时不仅仅是听从管理者的指令，而且最大限度地发挥个人才智和潜能。

传统企业所实行的科学管理理论已经不再适用于当今时代。科学管理理论的核心是流程的标准化，它将复杂的生产流程拆分成一个个独立的环节，通过反复试验找到操作的最佳方式，极大程度地提高生产效率。这种管理方式与柔性管理恰恰相反，科学管理理论主张将员工当作机器使用，系统性地消灭人工操作过程中的不稳定因素。这套理论在20世纪工业快速扩张的年代十分适用，在21世纪的数字化时代却明显不再成立。

在相对稳定的环境中，团队的管理核心是实现业务流程的效率最大化，以最小的投入获得最大的产出，其实现方式与科学管理理论所倡导的大体相同。而在一个变化很快的环境中，团队管理的核心是保持随机应变的适应能力，实现的方式是团队赋能。

团队赋能具有以下5个优势。

（1）主动性：赋能后的团队会主动、自愿地去完成管理者的指令，甚至会额外做自己认为应该做的事情。

（2）成就感：团队成员会因为自己为团队做出了贡献而获得成就感。

（3）价值感：团队成员会认为自己的工作非常有价值，并且热爱自己的工作。

（4）自信心：赋能后的团队成员普遍拥有较强的自信心。

（5）目标感：共享愿景是团队赋能的前提，团队赋能使成员拥有很强的目标感。

为了实现团队赋能，首先，组织需要在团队中培养真诚、互信的协作关系。任何组织成功的基础都是团队内部成员的通力合作，成员间协作关系的好坏会影响团队协作效率的高低。如果所有成员都朝着同一个目标共同努力，更容易达到事半功倍的效果。而如果成员之间彼此怀疑、拒绝合作，那就如同几匹马拉着车向不同的方向用力奔跑，即使每匹马用的力气再大，马车也不会移动分毫。

其次，组织要培养团队的体系思维。团队成员不应只顾埋头苦干，每一位团队成员都应当对组织任务有大局观，了解自己所处的任务环节。只有在宏观上对整体有了解，在微观上才可以做好自己的工作。为了培养团队的体系思维，组织应当增加团队成员之间的互动频次，因为内部交互和外部交互水平都很高的团队，更能够产出更多的创意。

最后，组织要建立信息共享机制，打破信息孤岛。组织要加强团队沟通，将之前只有组织管理者才能够看到的信息开放给所有团队成员，让每个人都能接触到足够多的信息。只有这样，成员才会站在团队的角度思考问题，做出对团队整体发展最有利的决策。

在团队赋能中，人为隔绝信息的做法万不可取，否则就好比在足球比赛中只让每个球员看到自己脚下的那块草坪，而不让他观察整个足球场的情况，这样球员是无法踢中球的。

在数字化时代，团队赋能至关重要。因此，组织的管理者不要做独裁者，要学会将权力下放，培养员工独立做决策的能力，从而将更多的时间和精力投入到打造赋能性组织中。

9.1.3　以人为本

以人为本的核心是人本位，重视人的需求。在企业进行数字化转型时，以人为本也与时俱进，被赋予了新的含义。

在组织升级中，以人为本的实质是充分发挥优秀人才的潜能，给员工足够的成长空间，让他们在企业中尽情施展才华。只有每个员工都热爱工作，对工作负责，他们才能够为企业创造更多的价值。企业中人力资源管理的相关工作更要以人为本，只有建立健全的人力资源管理机制，企业在转型中才能够真正做到以人为本。

在以人为本的管理理念下，所有任务的出发点和核心都是人。在开展任务之前，组织要充分激发和调动员工的积极性和主动性，只有这样才能够实现员工与组织的共同发展。

以人为本的重要性在于它是提高组织知识生产力的重要条件。组织知识生产力是组织利用知识资源为企业创造财富的能力，它是新型的组织管理方式，也是维持人与人、人与物良好交互关系的必要条件，更是企业持续发展的基础。组织管理的成长升级一般会伴随权力的下放，但是权力下放不代表组织管理者完全放弃权力。即使是在以人为本的团队中，组织对成员的合理管束也是必要的。在以人为本的前提下，组织可通过以下几种机制对成员进行合理管束。

1. 激励机制

组织管理者应找到员工的真正需求，并将员工需求的满足与组织目标的实现相关联，以此激励员工。激励一般包括物质激励（如发放奖金）和精神激励（公开表彰）。

2. 压力机制

压力一般包括竞争压力（如提拔晋升需要考核竞选人的业绩）和目标责任压力（如限期完成某项任务）。竞争会带给员工危机感，而适当的压力在某种意义上也是动力，驱使员工为了组织目标的实现更加努力。组织目标责任制在于明确员工的奋斗方向和责任，促使员工尽力履行自己的岗位职责。

3. 约束机制

在企业中，规章制度对于员工来说是一种有形的约束，也是一种强制约束，而企业文化则是一种无形的约束。规章制度向员工明确了什么应该做、如何做，以及什么不应该做。而企业文化是一种不成文的规定，它是组织内部的舆论约束与自我约束，建立在规章制度的基础之上。

人具有主观能动性，人与环境可以主动交互，因此，创造良好的工作环境可以促进员工的发展。员工的发展是组织发展、企业发展的前提。只有每位员工的需求得到满足，员工实现了自我成长，组织才会得到发展，企业才能够顺利推进数字化转型。

9.1.4　快速响应

敏捷组织的业务运转流程可以总结为业务规划探索、需求分析设计、需求研发交付和运营验证反馈 4 个环节。敏捷组织和企业要具备平台敏捷性、技术敏捷性和业务敏捷性。这 3 个能力层面涵盖了整个组织和企业的业务运转流程，极大地提升了业务响应速度和价值交付成效。

1. 平台敏捷性

平台敏捷性是业务敏捷性与技术敏捷性的底层支撑。没有敏捷的平台，其余敏捷性便无从谈起。在平台敏捷性中，基础的功能是电子看板、精益需求管理、测试管理、监控管理等，这是每一个敏捷平台都应该具有的功能。平台敏捷性依据业务敏捷性的要求而设立，通过技术敏捷性来实现。而根据业务人员的需求，敏捷平台还可以添加项目管理、关键角色赋能等功能。

平台的构建者在加强平台能力的同时要将平台能力适当抽象处理，抽象成业务人员可以理解的操作语言。最常见的思路是平台支持业务人员能够掌握的领域定义语言，这样当运维人员在一线进行操作时，无须经过复杂的需求提交步骤，也无须等待版本开发，就能够在平台使用通俗易懂的领域定义语言构建业务。

2. 技术敏捷性

技术敏捷性是驱动平台敏捷性进化的动力。在敏捷组织中，基础的敏捷技术包括领域建模、持续集成、代码评审、部署流水线多级监控等。以嵌入式软件开发为例，很多嵌入式开发人员为了能够更快地交付任务都会采取自动化测试实践，这能够有效缩短软件开发周期，有力推动持续功能集成和持续部署。而根据用户的需求，开发人员采用结对编程，当两个开发人员共同编码时能够很快发现被忽视掉的错误和问题，为测试团队省去很多麻烦。

数字化时代的任何工作流程都呈现出了学习趋势，敏捷组织的工作流程也不例外。敏捷性意味着持续不断地优化与改进，技术开发人员也需要秉持开放的态度，为组织引入先进的技术。这样既能够支持当前的业务敏捷性，又能够与组织原有的技术生态快速集成，为提高组织业务敏捷性提供数字化技术支撑。

3. 业务敏捷性

业务敏捷性是一个敏捷组织的最高级能力层面，组织与组织之间各有不同。但大体上都包括产品愿景、用户画像、故事地图、用户故事、度量分析与持续改进等功能，这些功能能够使组织高效地适应业务环境的变化。以用户画像功能为例，通过敏捷技术的支持，给用户的习惯、行为等贴上标签，抽象出用户的全貌，为精准营销、内容分发等业务提供了可能性。

组织的适应性、协调性与灵活性都属于敏捷性的范畴。业务敏捷性的核心是对变化的响应速度，对于业务人员来说，找到合适的工具并将其能力外显化，是对提高组织业务敏捷性最重要的支持和贡献。

9.2　敏捷团队如何考核

即使是在柔性管理的组织中，对于团队的考核也是必不可少的，这是管

理者了解组织发展情况的基本途径和方法。一般来说，敏捷团队的考核有两个
方面：一是团队绩效考核，二是个人绩效考核。

9.2.1　团队考核内容

对于团队考核来说，传统的度量指标，例如企业收益、团队工作时长、
代码行数等都不足以满足团队考核的指标。而且团队考核的度量标准并不是固
定不变的，而是要根据敏捷团队所处的时期和环境及时进行调整。根据研发效
能度量模型，团队考核内容包括组织效能与商业价值两个方面。

1. 组织效能

在组织效能方面，首先，要考核效率指标。效率指的是由端到端的发布
持续交付工程的能力。需求交付周期和开发周期属于流动效率范畴，其数值越
大越好。流动效率越高说明从客户需求确认到产品发布的时间就越短，需求
启动开发到上线的时间就越短。而人均发布需求量，即资源效率，越低越好。
资源效率低意味开发一个产品所耗费的资源较少。

其次，要考核质量指标。质量指标分为内部质量指标与外部质量指标两
个方面。内部质量指标包括单元测试代码覆盖率、缺陷密度和缺陷修复。单元
测试代码覆盖率必须达到 80% 或 90% 以上，越高越好。而通常情况下，缺陷
密度越低、缺陷修复时长越短，意味着产品质量越高。而外部质量指标通常包
括线上故障从发生到发现的时长、线上故障从发现到解决的时长、线上故障次
数以及 SLA（服务等级协议）。解决故障的时间越短越好，线上故障发生的
次数越少，说明产品的质量越高。

2. 商业价值

商业价值的考核指标主要体现在运营方面，即促进用户价值和产品价值
实现。用户价值指标主要包括用户活跃与趋势、用户满意度 /NPS（净推荐值）
与使用核心功能的时长。用户活跃度越高、使用核心功能的时间越长，就说

明产品的用户价值越高。而产品价值体现在续签、续费率与客均订阅费用上，这些指标越高，产品价值就越高。

团队是组织的工作单元，团队考核对于整个组织来说有着重要意义。团队考核的目的并非单纯地考察成员工作效率、抽调产品质量，而是评价团队对敏捷组织的作用以及对阶段性工作进行总结，以确保团队的工作始终围绕既定目标开展。

同时，团队考核也是为了对优秀成员进行嘉奖，优化整个团队的运作方式，为其他成员树立榜样。团队考核能够对前期的工作失误进行分析，为管理决策提供数据支持，而且团队考核能够充分调动成员的工作积极性和责任心。

但如果团队考核制度制定不当，那么不仅无法起到上述作用，还会对团队工作产生阻力，甚至威胁到组织的生存与发展。团队考核的内容应当是全方位的，不能生搬硬套一套模型嫁接到团队中，而是应当选择公正、科学的考核模型，结合团队的实际情况，明确考核指标，通过制度化将考核内容量化，避开非理性因素。

9.2.2　人才治理体系

推动敏捷团队发展的最为重要的因素是员工个体。虽然员工都会经过专业的知识和技能的培训，但是由于个人素质、工作经验等方面的不同，不同的员工在工作中所展现出来的实力水平也会有一定的差距。在敏捷团队柔性管理的战略下，对于员工个人的考核也应当从多方面入手，而不只从绩效这一角度出发。

合理的人才治理体系能够通过对员工个体的能力、责任心、工作热情等方面的考察，来将每一位团队成员的差异和特点可视化，以便于制订今后的个人成长计划以及团队发展计划。因此，团队要建立以胜任力为核心的人才治理体系，即胜任力模型。

企业可以通过打造员工胜任力体系，保持组织能力，并使胜任力体系成为激发组织活力的基石，使组织在不断变化的业务环境中得以高效、稳定地运转。

在短期内，团队要构建与业务模式匹配，兼顾盈利要求与人员发展的调配体系。在团队发展中期，团队要优化行为和投入度双驱动的绩效体系，以企业发展和盈利能力为目标，以员工贡献定量及定性可视为评价基准。而团队的长期目标是建立以能力提升为核心的人才发展体系。

1. 如何建立绩效体系高阶模型

首先，团队要基于 OKR 思想，将组织目标逐步拆解，并结合胜任力模型设置员工个人目标。其次，基于敏捷特性，团队要将个人目标拆解为阶段目标，打造"期望设定—绩效沟通—绩效评定"的周期性反馈闭环。再次，团队要建立网状协同的跨团队测评体系而非以管理岗为核心的线性测评体系。最后，团队要明晰绩效考评的首要目标是以发展为牵引，帮助员工成长，而不是单纯地涨薪或降薪。绩效考评结果为人员配备、薪酬职级提供了依据。

2. 如何建立行为和投入度双驱动的绩效体系高阶模型

首先，绩效体系是从行为和项目投入度两个方面入手搭建的，而胜任力模型映射职级体系，形成了针对不同职级的绩效标准。其次，项目反馈和项目外贡献并重，项目外贡献包括社区贡献、公司内能力建设与分享、招聘贡献。项目外贡献从机制保障品牌影响力、整体技术能力、个人技术能力自驱方面得到整体提升，而项目反馈是全方位的，并按季度执行。然后，将投入度作为绩效考核的另一个硬性指标，按年度对有效的项目投入度进行统计。最后，以 HRBP 团队作为载体，使行为和投入度双驱动的绩效体系高阶模型实现全员及全流程覆盖。

近年来，以胜任力为核心的人才治理体系在经济日益增长的大环境下得到了很多管理者的关注与重视。胜任力模型在很大程度上推动了人力资源管理的进步与创新，企业要想在市场竞争中占据优势地位，就应当积极培养员工的胜任力，确保员工有能力推动企业目标的实现。

9.2.3　如何选择考核方式

传统考核方式以绩效考核为主。绩效考核是指团队在既定的战略目标下，设立特定的标准和指标，对团队的工作产出质量以及取得的工作业绩进行评估，并运用评估的结果对团队以及员工个人将来的工作行为和工作业绩进行正面引导的方法和手段。

传统绩效评价强调外在动机，认为员工工作的动力源自外在刺激。因此，传统绩效评价的底层逻辑是将考核与报酬奖励强行挂钩。它的表现形式是全方位、多角度地设立各种指标，覆盖方方面面，领导者自上而下命令员工100%地完成。其评价过程不公开、不透明，而管理人员则认为只要设立指标并给予报酬，员工就会全心全意完成任务。这就导致组织内部充斥着以评价为导向的风气，久而久之，员工就会失去向上的动力。

而敏捷组织往往会使用OKR的考核方式。OKR考核的主要目的是明确企业与团队的目标以及明确每个目标达成的可衡量的关键点。

从严格意义上说，OKR是一套定义和跟踪重点目标，确定其完成情况的管理工具和方法。它强调内在动机，认为员工工作的动力是出于胜任感的自主需求。与传统绩效强调"要我做的事"不同，OKR考核强调"我要做的事"，使报酬奖励与考核弱耦合。OKR考核是通过设立富有挑战性的目标，使员工自主地完成工作任务，并将考核指标聚焦到具体的流程环节中，采取动态追踪的方法，促进员工自我成长。

它以员工自我发展为导向，而不是以工作结果为导向。简单来说，OKR更关注员工的个人成长而非业绩。OKR要求企业、团队以及团队成员不仅要设置目标，而且要明确如何完成目标、怎样才算完成目标。

因此，OKR考核更适用于执行长期工作任务的团队，因为OKR可以将长期的大目标拆分为一个个阶段性的小目标。在每个阶段性目标完成时，团队可以召开研讨会，总结经验与教训，使后续阶段的工作能按照正确的方向继续推进。领导者与管理人员可以接收到员工自下而上的反馈，能够实时掌握员工的工作进度，便于对整体任务进行安排与调整。

同时，OKR 为每位员工都提供了通用、公开的问责制基础，因此，无论员工的工作重点是什么，其执行的所有工作均有可衡量的目标。这些可衡量的目标在团队内部以及企业内部都是公开透明的，并且与企业的总体目标保持一致，这使得企业能够多方向、多渠道地进行团队考核。

9.3　OKR 在敏捷团队考核中的应用

OKR 可以帮助企业调整目标，并让企业中的每个团队都知道其目标定位以及衡量目标的关键点。而且 OKR 的流程公开、透明，这意味着所有团队之间都可以对彼此的进度有了解。这在大型企业组织中尤其重要。因为在大型组织中，员工、团队众多，导致各个团队之间的沟通较为混乱。因此，OKR 在敏捷团队考核中的应用相当广泛。

9.3.1　实施 OKR 的要点

OKR 对现代企业的发展有着重要的作用，它使得企业目标不再只和管理者有关，而是每个部门、团队、员工的目标与企业的目标都一脉相承。在OKR 目标管理法下，员工不再只关心自己的利益，而是自发地开始关注企业的整体利益，因此员工的工作激情和动力更足。

企业实施 OKR 有以下几个要点。

1. 聚焦目标，明确企业发展方向

OKR 是有逻辑的，它的逻辑原点在于怎样聚焦目标。目标回答的是企业想做什么，关键结果回答的是企业如何做才能实现目标。在限定时间段里明确想要完成的目标，然后根据这个目标来细化企业各部门的工作，这一系列过程是企业实现战略高度聚焦的保证。

因此，在制定 OKR 时，无论企业的哪一个部门或是哪一层级，都要始终围绕总体目标来量化关键结果。

大部分的企业管理者都觉得企业没有实现更好的发展是因为战略目标制定错误。诚然，战略目标制定错误会导致企业发展不顺，但是即使是正确的战略目标也不一定会推动企业发展。原因就在于企业的战略目标并不明确，执行目标的方向也模糊不清。

2. 让员工对工作目标充满激情

企业管理者为什么要培养员工的目标和结果意识？这就涉及了意志的作用过程原理。如果员工的目标和结果意识不强，那么他的敬业度就不会高，责任感也不会太强。只有员工对 OKR 充满激情，整个企业才会有真正的驱动力。

如何让员工对 OKR 充满激情？这就需要企业管理者在制定 OKR 的目标和关键结果时要能够体现出员工的意志。自主选择的意志和非自主选择的意志作用相差很大。

自主选择的意志作用过程如图 9-1 所示。

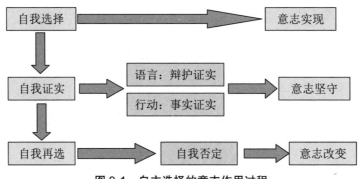

图 9-1　自主选择的意志作用过程

如果企业管理者在制定企业各层级的 OKR 时能够体现出员工的意志，那么员工就会通过关键结果来证明自己意志的正确性。并且，员工还会通过自我否定，在工作中不断反思、改进工作方法，从而改变自己的意志，达到更高层次的自我意志的实现。

在实施 OKR 时，自主选择的意志作用非常明显。如果企业的总体目标是全体员工经过商讨表决确定的，那么这个目标就是企业全体员工意志的表现，企业全体员工都会对 OKR 的实施更有责任心，这样在实际工作中自然会激发员工的积极性，有利于企业总体目标的实现。

反之，如果企业目标是员工非自主选择产生的结果，OKR 的整个进展可能会受到阻碍：一方面，在工作中，员工会对 OKR 持怀疑的态度，消极工作，目标进展并不稳定；另一方面，如果企业目标没有被按时完成，他们也不会遗憾，更不会反思。

3. 整合局部信息，企业更开放透明

OKR 强调的是充分激发企业各层级、各部门间的协作能力，使企业内部的沟通变得更加公开透明。在实施 OKR 后，企业可以通过裁减冗余岗位和人员来搭建一种紧凑、扁平的组织结构。在这种组织结构下，各项业务的开展也会具有更大的灵活性。

企业实行 OKR 可能会使原先上下级之间存在的权属关系发生变化，这时就需要企业管理者重新划分权责边界，明确组织中员工的个人目标、部门的目标以及企业的整体目标。

OKR 要求员工把个人目标与企业目标融合为一体，做到权责结合，这也是企业扁平化的核心内容。企业结构扁平是指企业的组织架构由原来纵向发展管理层级的形式转变为横向扩展。各职能部门的职责会逐渐淡化，员工会更加清楚地了解企业的总目标是什么，并且能够知道企业总目标的完成进度，目标的明确更能激发员工工作的积极性。

4. 思维碰撞，激发内在驱动力

企业的价值是由员工创造的，企业的发展是由员工推动的，员工是企业最基础的基因。OKR 的实施能够有效地激励员工，激发员工的内在驱动力，促使其为企业创造更多的价值。为什么 OKR 能激励员工？

首先，在 OKR 的制定和实施的过程中，员工都会有一定的自主性。在 OKR 的制定过程中，员工可以提出自己的意见和建议，员工的诉求也会体现

在 OKR 中，自身诉求的满足能够激发员工工作的积极性。

同时，在工作过程中，员工也能充分发挥自主性。OKR 设定了员工工作的目标方向和框架，在这个框架内，员工可充分发挥自己的自主性，在确保结果能够达成的前提下，员工可以按照自己的意愿来安排工作内容。和被动地接受安排相比，员工主动决定要做的工作会让员工在工作中更有动力。

其次，反馈是 OKR 极为重要的一个方面，即 OKR 的更新。OKR 是短周期的目标，而定时对目标进行更新能够对员工起到激励作用。

例如，在公司 OKR 实施的过程中，公司的研发部门每周都要对部门目标的完成进度进行更新。部门员工会通过会议来了解部门目标的完成进度和公司目标的完成进度，以此来明确这一周的工作情况并了解剩余的工作。同时，研发部门也会对比本周和上周的工作进度，明确本周部门对公司的贡献度是否有所提高。这种重复加强印象的过程会使员工对部门目标和工作进度有一个清楚的认识，而且目标完成进度也会对员工起到激励作用。

9.3.2　OKR 的追踪

定期召开会议是进行 OKR 日常跟踪的有效手段，它能够及时发现并解决 OKR 实施过程中的问题，能够激发员工的创造力与动力。OKR 实施过程中日常跟踪的会议可以分为 3 类：周例会、中期评估会、末期评估会。

1. 周例会：持续聚焦目标

周例会的目的是对企业或部门 OKR 完成的情况、所遇到的问题、下一步目标等内容进行细致的分析与了解。此外，企业管理者通过周例会还可以集思广益，集中全体员工的智慧一起解决某一具体问题。

周例会的召开能够使企业各部门间工作进度同步，也可以让员工对上一周的工作进行反思与总结。同时，在内容上，周例会注重的不是量化指标和结果，其更多地关注信息资源分享以及讨论如何实现更多价值。周例会的目标有以下 3 个。

（1）做目标评估。通过召开周例会，企业管理者能够根据员工的工作数据确定员工的工作进度，从而能够分析出员工能否按时完成工作目标以及何时能够完成工作目标。

（2）提前识别潜在风险。在周例会中，企业管理者通过对员工工作的分析和与员工的沟通，能够及时发现员工工作中存在的问题，从而能够提前识别OKR 实施过程中潜在的风险。

（3）有计划地把 OKR 渗透到企业管理中，以保证员工对企业目标的持续聚焦。在周例会中，企业管理者对工作目标的重复明确能够让员工对工作目标有更深刻的认识，同时企业管理者对于员工工作的分析也能为员工指引正确的工作方向，使员工能够始终聚焦于自己的工作目标。

周例会的短期性和持续性对于企业管理者跟踪 OKR 的实施情况十分有利。短期、持续的周例会能够让企业管理者及时了解员工的工作情况，使其能够及时对员工的工作进行指导和纠正，能够确保员工的工作持续聚焦于工作目标。

2. 中期评估会：阶段性总结，修正偏差

周例会的优势在于其持续性和短期性，使企业管理者能够灵活地对员工的工作做出指导。但周例会也有缺陷，其只能对OKR 的实施情况进行初级评估，规避掉一些小的潜在风险，而对于一些潜伏期长、难以发现的问题，管理者并不能通过周例会及时地发觉。所以，在 OKR 实施周期中期召开一次评估会是有必要的。

中期评估会的会议重点是企业管理者需对此前 OKR 实施半个周期的跟踪数据进行汇总与分析，明确其是否存在尚未解决或此前未发现的问题。在会议上，企业管理者也需要就 OKR 的进度、存在的问题等与员工进行沟通，了解员工的想法与建议。

在这个阶段，企业的 OKR 已经实施了一段时间，像期中考试一样，企业管理者需要对过去的工作成果进行阶段性的审视、总结，这有助于及时修正偏差方向。

在 OKR 跟踪中，中期评估会的审视与修正的作用非常明显，企业管理者可以对 OKR 前半期的完成进度进行汇总，做出对前半期工作的整体评价。同时，

企业管理者还可以根据 OKR 前半期的完成情况和存在的问题对后半期的工作做出指导。

3. 末期评估会：分析完成度，复盘实施过程

在对 OKR 的跟踪中，召开末期评估会是十分重要的，末期评估会能够对 OKR 实施的整个过程做出客观分析。召开末期评估会的目的主要是明确两个问题。第一个问题是 OKR 的最终目标是否完成以及完成到什么程度。第二个问题是有哪些因素促使最终目标完成或者有哪些因素导致最终目标没有完成。

为了明确最终目标是否完成或者完成到什么程度，企业管理者要对每一个 KR（关键结果）进行评级或打分，根据每一个小目标的完成情况来分析企业的最终目标有没有实现。如果 OKR 的最终目标没有实现，企业管理者也要分析最终目标的完成度。

在明确了第一个问题之后，企业管理者就要分析有哪些因素促使 OKR 完成或者有哪些因素导致 OKR 没有完成。如果 OKR 顺利完成，企业管理者就需要分析推动 OKR 顺利完成的因素有哪些，并与员工讨论在哪些方面、哪些细节上还有上升的空间、OKR 实施过程中的哪些方法还能进一步优化等。如果 OKR 没有被顺利地完成，企业管理者也要分析是什么因素导致了关键成果与目标没有被完成。因此，企业管理者在末期评估会议上需要真实地、坦诚地面对在 OKR 实施过程中出现的问题。

末期评估会能够对整个 OKR 实施的过程进行复盘，了解过程中存在的问题和能够进一步优化的方面。此次 OKR 的末期评估会也能够为下次 OKR 的制定提供依据，使下次 OKR 的制定更加合理。

9.3.3　OKR 失败的常见原因

OKR 作为在敏捷团队考核中应用相当广泛的考核方式之一，拥有专注大局、衡量责任、明晰重点、确定事项优先级等多种优点。但是在实际应用中，

OKR 也时常出现无法充分发挥功效的情况。这导致很多企业的管理者对 OKR 产生了质疑：OKR 是否名不副实？

实际上，OKR 的实际功能与理论上并没有太大不同，只是部分团队在使用时没有做好准备工作。

1. 过多目标同时启动且没有设置优先级

一个企业要想发展、转型，肯定要实现很多的目标。但是如果将所有的目标同时启动，那么就会出现一些问题，例如团队的管理者应该如何跟进这些目标，如何在多个目标间分配团队员工的职责和时间等。这些问题都会成为目标实现的阻碍，最终可能所有的目标都不能实现。因此，当存在多个目标时，企业要综合考量，给这些目标排列优先级，然后按照优先级在一个时间段内专注于一个目标，这样目标的完成率就会大大提高。

2. 缺少沟通，不能准确理解目标的价值所在

如果团队想让每一项工作都是朝着既定目标的方向发展，每一个团队成员都能够为团队目标而努力，那么团队的管理者就需要持续地和团队成员沟通并明确目标方向。例如管理者可以每周召开一次例会，让团队成员明确本周要做的事情，承担好自己的岗位职责；让团队成员分析目标的发展趋势，或者提出新的衡量目标完成情况的关键点。这些措施都能够加强团队内部的沟通，并明确目标的价值所在。

3. 没有目标计划

完美的计划是任务成功的一半。想要真正地完成团队的目标任务，光有坚强的意志是远远不够的。例如有人想靠强大的意志力去减肥，但是事先没有安排好每天的减肥餐和运动量，如此下去，减肥只能草草收场。所以团队需要一个好的目标管理系统来记录每一个阶段所完成的目标，这能够提醒团队成员正确的目标方向，确保任务正常推进。

4.时间分配过于随意

如果已经制订好目标计划，那么在实行过程中就要按部就班。即使出现突发事件，也要保证将手中正在做的事情完成。突发事件具有不确定性，很容易造成一种此事件非常急迫的假象。但是如果总是将时间花费在解决突发事件上，原定目标计划的完成时间就会向后推迟，目标计划就不能够在有效期限内完成。所以，一定要在所有要做的事情中明确重要的事情，坚持优先级排序，衡量当前计划之外的事情值不值得付出延期的代价。

5.轻易放弃

有时候 OKR 没有完成，可能是因为关键指标设立得过低，导致虽然目标实现了，但却没有达到预期中的效果；也可能是因为关键指标设立过高，团队成员的能力有限，导致目标没有达成。OKR 没有完成，有人就会怀疑 OKR 的可行性，并会随意放弃继续使用 OKR。但是第一次实施 OKR 失败是一件很正常的事情，因为在实施之初，管理者并没有衡量关键成果的适当指标，所以 OKR 需要在不断的实践中进行调整。

完成 OKR 并不简单，但是也不是十分困难。在 OKR 的实际操作过程中，管理者要选择最重要的目标，把它反复、持续地传达给团队的所有成员。一个清晰、明确的目标，能够保证团队持续朝着既定目标方向前进，并能在失败的时候总结经验，吸取教训，反复实践直至成功。

9.4 重构办公空间，高效协同

如今，"90 后"已经成为劳动力主体，他们对工作价值和意义有着极致的追求。如果企业能够给他们提供轻松、和谐的办公氛围，他们的办公效率就会显著提升。因此，对办公空间的重构，也是提升管理效能、实现部门间高效协同的重要方法。

9.4.1　高效的数字化线上协同

数字化时代，自上而下的沟通方式已经不利于构建企业生态。这种沟通方式效率很低，会直接对企业的盈利能力产生影响。而为了保持组织活力，提升企业管理效率，许多企业都加强了数字化线上协同。

数字化线上协同将改变人们对办公的认知，全面推进企业的自动化、智能化、数字化进程。相关政策的出台也为数字化办公空间在金融、零售、城市建设等方面的应用提供了支持。时代在进步，数字化会慢慢渗透到人们的工作与生活的方方面面，持续为人们的生活提供便利。

下面以支持团队线上协同办公的软件飞书为例进行详述。近两年受新冠肺炎疫情的影响，很多企业都让员工实行居家办公，因此协同办公软件市场也成了热门市场。根据相关机构预测，未来 5 年内我国企业团队协同办公软件市场年复合增长率将接近 19%。

飞书作为综合协同办公市场中的后起之秀，一直在持续不断地整合资源，完善自己的服务生态。如今，飞书已经成为面向企业端的协同办公平台翘楚，为企业内部的信息传递与沟通交流带来了极大便利。

首先，飞书很早就深入布局云服务。数字化时代，各行各业都注重构建自己的云服务生态，特别是互联网行业。而飞书作为面向企业端的协同办公平台，经过多次技术与功能升级，已经能够同时处理多人上传的海量数据，实现团队多人同步交流。

其次，与企业微信、钉钉等同类型办公平台不同，飞书更多地聚焦于企业内部成员的信息沟通与交流，提升协同办公效率，进而提高团队的创造力。飞书一直致力于提高与各类工作平台的耦合度，故而采用轻量级运行方式，试图还原线下团队之间的实时沟通。

对于今天的企业来说，人才与信息是企业发展的基石。如今的企业规模庞大，人员众多，生产要素信息化。而飞书能够实现多人实时沟通，真正做到了线上协同办公。

9.4.2 开放的物理办公空间

人类文明的每一次进步，都伴随着对固有边界的跨越，数字化时代也不例外。企业的数字化转型也伴随着物理办公空间的变革，无边界的开放式办公空间能在服务、资源、企业发展等多维度上满足人们的办公需求，消除办公室的物理边界，加强团队的交流互动。

试想，当你走进办公室，没有传统格子间的束缚和压抑，大家可以随意走动、交流，靠在沙发上工作，这样的工作模式是不是非常自在。美国一家医学类杂志社曾对 500 多名企业员工进行了研究，研究结果表明：在开放式办公室工作的员工压力值更低，活跃度更高。这引发了美国各地企业将办公室改造为开放式环境的风潮。

以 Google 为例，其在世界各地的开放式办公空间设计，一直是科技行业的标杆。Google 致力于让员工在非常独特的工作环境中拥有更愉快的工作体验，其办公室的配套设施包括滑梯、自行车、篮球场、乒乓球桌以及游戏设备，而且每间办公室都有独特的感性设计，让员工绝对不会感到无聊。

即使如此，Google 也没有停止对办公室的改进。2021 年，在全球新冠肺炎疫情大暴发的背景下，Google 在 Googleplex 办公园区内，引入了 Team Pods 工作舱。每个工作舱内配有桌子、椅子、白板以及储物柜。这既满足了员工对于办公室的灵活性的需求，又满足了新冠肺炎疫情防控期间无接触的需求。另外，针对不需要固定办公桌的员工，Google 给他们提供了配有圆弧形挡板的工作站。机器人充气的气球墙也在 Googleplex 内启用，这样不仅可以起到减少接触的作用，还可以减少噪声污染。

此外，Google 新应用的会议室"篝火"也十分特别，参加会议的人仿佛置身于篝火晚会中。他们围坐在带有背板的圆形空间内，背板的显示屏可以显示远程参会者。

对于未来办公形态的探索，Google 给出的答案未必是最好的。但不可否认的是，随着人们个人意识的觉醒，开放式的办公空间会更受欢迎，它能让团队更好地沟通，从而提高沟通协作的效率。

第 **10** 章

数字文化：构建生机型企业文化

企业数字化转型不仅需要在制度和流程上下功夫，还需要构建一种生机型的企业文化。企业文化影响着企业发展的安全性。企业文化不同，在出现问题时员工对问题的处理方法也不同。例如在有着病态型文化的企业中，员工常会选择寻找"替罪羊"了事；在有着官僚型文化的企业中，员工只会维护自己的"一亩三分地"；在有着生机型文化的企业中，员工愿意与企业共担风险。可见，只有生机型文化更容易克服困难，帮助企业走向成功。

10.1 3种不同的企业文化

常见的企业文化有3种：第一种是病态型企业文化，在这种企业文化下，企业员工间缺少信任，压抑新事物成长；第二种是官僚型企业文化，在这种企业文化下，企业员工不注重整体利益，只会"自扫门前雪"；第三种是生机型企业文化，在这种企业文化下，员工会专注于如何实现目标，组织内部也能高度联结合作。企业数字化转型是一件需要企业上下共同完成的事，因此，企业需要构建高度合作的生机型文化，以保障转型的顺利进行。

10.1.1 病态型企业文化：缺少信任，压抑新事物

病态型企业文化是一种非常不利于企业发展的文化，具体表现为员工间钩心斗角、明争暗斗，员工间缺少信任和合作，甚至有的员工会为了一己私利隐藏有利于全局发展的信息。而且在病态型文化下，新事物会被压制，不会有成长的机会。

这样的企业文化会让数字化转型空有其表。因为员工彼此不信任，隐藏影响自身利益的信息，所以可能导致以下现象发生，进而导致企业数字化转型失败。

1. 员工极度自私，拒绝协作

在这样的企业文化下，员工之间有的人利益多，有的人利益少。这使得员工目光短浅，只顾一己私利，把精力用在相互猜疑上，从而严重影响企业整体目标的达成。

2. 不讲实情

不讲实情有两种表现，一是工作不到位，不了解实情，当需要表述时只能随意捏造；二是知道实情，但为了不得罪他人或保护自身利益，而故意不说实情。这样的文化氛围很容易让企业管理者做出错误决策，为企业的长远发展埋下隐患。

3. 员工没有自主性

这种现象名义上是管理严格，实际是企业对员工不信任，这会严重损害员工的积极性和创造性。

4. 事不关己，高高挂起

在病态型企业文化下，员工对于任何事情都是"事不关己，高高挂起"的态度。只要不牵涉他们自己的利益，即使有损公司利益，他们也不闻不问，不主动提醒。

病态型企业文化所产生的消极影响严重阻碍了企业的数字化转型进程，因此企业需要了解该文化产生的根源，有针对性地制定应对措施。

（1）激发员工的主人翁精神

企业要激发员工的主人翁精神，制定以人为本的文化制度，让员工将自己视作企业的主人。当企业处处尊重员工，替员工考虑时，员工也会主动为企业考虑，保护企业的利益。

（2）促使员工主动协作

企业需要通过目标来指引和约束员工，促使员工主动和他人协作。企业要让员工习惯协作，让员工意识到如果想要增加自己的利益，首先要与他人合作为公司增加利益，而不是损害其他员工的利益。

10.1.2 官僚型企业文化：各部门自保，自扫门前雪

官僚型企业文化是一种常见的企业文化，它指的是企业各个部门自成一

派，按部就班地做事。这种文化氛围可以让企业的运行不会出现太大的纰漏，但也很难让新鲜事物在企业中发展起来。因为新鲜事物意味着风险，而这种"自扫门前雪"式的企业文化使得很少有人会主动承担失败的责任，也就导致了企业上下对推行新鲜事物都缺乏动力。

官僚型企业文化普遍存在于很多传统企业中，因此传统企业在数字化转型的过程中很容易遇到阻力，原因就是企业大部分员工都认为数字化转型与他们无关，他们习惯按照传统的规则办事，不愿意走在转型的第一梯队。

对此，企业需要向下赋能，帮助员工找到自我驱动力，使他们不再依赖死板的规则，而是追求更大的自主性与主人翁意识。向下赋能是指企业释放一定权力，赋予员工工作自主权和决策权，使员工最大限度发挥个人才智。企业具体可采取以下做法摒弃官僚型企业文化。

1. 抛弃刻板规则

美国航空航天局曾得出一个惊人的结论：70% 的空难都是人为因素造成的。航空公司为机组人员制定了最详细的工作标准，但却因为机组人员过于遵守既定程序，在面对问题时失去了变通能力，以至本可避免的空难发生。

因此，企业想为团队赋能，就要制订更多的备用计划，减少团队可能出现的风险，而不是通过刻板的规则试图消灭风险。员工不是执行命令的机器，他们不仅要知道怎样把眼前的事情做好，更要知道自己应该做什么。

2. 让每个人拥有决策权

很多人都知道海底捞因服务优质而出名，但海底捞的一线员工却并不会有自卑感。这是因为海底捞的一线员工都拥有自主决策权，他们可以自行决定给顾客送一盘菜还是一盘水果，甚至是给顾客免单。这样的权力让他们很少把自己当作服务员，而是当作决策者和门店的管理者。

如果员工不能决定自己的工作方法，只能按照别人的想法工作，他们很难意识到自己的价值。只有让他们参与决策，让他们有了自己做主的感觉，他们才能意识到自己的重要性，才会把团队的工作当作自己的事情。

3. 双眼紧盯手放开

"手放开"是指管理者要较少地做出决策，多鼓励员工做决策。团队的成功与每个成员的努力分不开，相比做出决策，管理者更重要的工作是培育整个团队，让各个组成部分都能独立运转起来。

如果团队的每个成员都能独立思考，根据总体战略规划，采取自认为最合适的行动，那么团队缺少了任何一个人都不会停摆。

"双眼紧盯"是指管理者要监督员工的决策。如果做决策的人不具备洞察力和判断力，那么他可能会做出不利于团队发展的决策，给团队带来损失。因此，不管是管理者还是员工，拥有决策权的人都应该被监督。团队中的每个人都应该既是决策者又是监督者，以防权力的滥用。

10.1.3　生机型企业文化：专注自身使命，高度合作

生机型企业文化是一种能让企业焕发生机的文化。拥有这样的文化的团队会专注于自身的使命，团队上下团结一心，为实现目标而努力。这样的团队非常容易接纳新鲜事物，因为他们能为统一的目标而高度合作，共担风险，不惧怕新事物带来的挑战。

因此，企业在进行数字化转型时，需要构建生机型文化，明确转型目标，让企业上下都认可转型，并为之努力。对此，企业要凝聚统一的价值观，并让其稳定持续地传承下去。企业凝聚统一价值观的步骤主要如下。

1. 明确团队发展目标及使命

要想清晰构建出一个团队的价值观体系，就要先明确该团队发展的最终目标和团队使命。最终目标和团队使命指明团队前进的方向，使员工对团队发展有自己的构想。

企业应在价值观构建前期就明确团队发展目标及使命，并从团队管理模式、团队管理制度、团队管理思想、团队成功要素、团队发展面临的风险等方

面进行深入思考，形成团队价值观雏形。

2. 构建简洁、实用的价值观体系

团队管理涉及多个方面，故而团队价值观也需要多方面与之对应。但价值观体系一定要系统、简洁、实用，将重点放在独特和出色的企业文化上。团队所构建的价值观必须具有可实践性，必须有助于驱动团队朝目标前进，并能引导团队有效规避风险。而且，在构建价值观体系的过程中，企业要保证全体员工的参与度。

3. 沟通、认知

价值观体系构建完成后，团队所需要的做的就是重复和坚持。团队要将价值观传输给全体员工，保证员工的行为符合团队价值观。当有新成员加入时，团队需向新成员传输价值观，保证团队上下思想统一。

在这个过程中，管理者必须发挥沟通和示范的作用。管理者在行动、培训、总结报告、工作报告、讲话、沟通时都要重点对价值观进行阐释和强调，不断重复价值观，强化员工对价值观体系的认知。

4. 将价值观植入团队架构

团队架构和团队价值观相辅相成、关联密切。团队价值观影响团队构成，匹配的团队架构有利于团队价值观的践行，团队的各个组成部分的职责应与团队价值观相符。

5. 双向传输价值观

价值观的传播，要从内部和外部两个方面入手。深刻内化是价值观传播的基础，没有经过深刻内化，团队员工的价值观念和行为方式不统一，团队没有凝聚力，价值观向外传达的效果只会浮于表面。

打牢内化的基础后，再向外部传播团队价值观。这样可以有效提升员工对团队价值观的荣誉感和自豪感，丰富团队价值观的内涵，增强团队凝聚力。

6. 评估、反思

进行了上述步骤后，团队可以对价值观实践的过程和效果进行科学评估，并以此作为改进的依据。评估过程中要重点关注员工对价值观的认同度、团队当前氛围、价值观是否对团队每个组成部分起到有效指导等方面。

7. 反馈、螺旋式提升

评估完成后，团队要将结果反馈给员工，并对现存状况进行详尽分析，和员工进行充分沟通。若有问题，团队应提出切实可行的解决方案。

团队一定要全面地将价值观构建的过程和结果纳入已有的管理体系，使价值观尽可能地渗入团队运行的过程中，使价值观与员工的培训、晋升、奖惩等有效融合，并定期评估、改进，使价值观践行效果呈现螺旋式提升。

团队所有机制的建立和有效运行，都必须建立在员工认可的基础上。部分团队难以快速、高效地发展，或者无法推行改革的原因就是企业文化落后。例如"搞小团体"，即在团队中拉帮结派。原本应该齐心协力的团队因为"小团体"而四分五裂、氛围极其不和谐，使得员工的注意力不再集中在团队目标上，而是钩心斗角上。

缺乏价值观的团队就会缺乏灵魂。美国通用电气公司前首席执行官杰克·韦尔奇曾说："长寿的大公司一是靠企业文化的传递，二是靠接班人的培养。"一个团队想要获得长久、稳定的发展，就要有生命力，而生命力要依靠价值观的传承来滋养。

企业文化的传递需要从多个角度入手，确保在传递过程中企业文化的核心不会改变。

（1）继承传统，认真发扬

例如培养员工直面挫折、勇于创新的危机意识，低调做人、谦虚谨慎的行事风格，崇尚简明、少即是多的设计传统等。这些为企业的发展奠定了良好的文化基础，提供了不竭的力量源泉。

（2）以人为本，善用人才

企业要建立完善的选人任人模式，在招聘、培训、奖惩等多方面引导员工的文化价值取向，帮助员工提升专业水平。同时注重提升员工个人的成就感、幸福感，以及对企业的自豪感、使命感、荣誉感，使员工与企业共同成长。

（3）与时俱进，不断创新

时代始终在进步，每一次进步都会对旧事物发起挑战。外部环境的发展日新月异，一个不懂得适应时代的企业是无法好好传承的。

团队还应当对自身的价值观、思想方法、管理原则等进行归纳总结，以识别人力资源管理所需要的关键要素，以及管理方面存在的潜在风险。此外，团队要确保各个岗位都有接班人。须知，优质团队应做到防患于未然，使每个岗位、每件事情都一直有人在运作与执行。

10.2 管理者在文化建设中的作用

管理者是企业文化建设的组织者和推进者。只有管理者发挥自身的力量，打造并传播优秀的企业文化，团队才能达成一致目标，在成功的道路上更进一步。

10.2.1 Y理论：深入开发员工的潜力

美国社会心理学家麦格雷戈曾在文章《企业中的人性面》中提出X理论和Y理论。X理论假设：人的本性是懒惰的，会主动逃避工作，因此管理者需要用强迫、处罚、命令等方式对他们施加压力，激发人们的工作动力。

而随着员工自我意识的觉醒，X理论被证实为建立在错误的人性假设之上，所以麦格雷戈又提出了Y理论。Y理论假设：人的本性是喜爱工作的，如果拥有适当机会，人们能主动承担责任，发挥自己的才能和创造性。因此管理者需要以启发和诱导代替命令和服从，尽可能将工作安排得富有意义且具挑战性，满足员工自我实现的需要，激励员工将个人目标与组织目标相结合，从而自我驱动。

Y 理论在企业管理中的运用主要体现在：

（1）综合运用人、财、物等生产要素来实现企业目标；

（2）把员工安排到具有吸引力和有意义的岗位上；

（3）鼓励员工参与自身目标和组织目标的制定；

（4）鼓励员工承担责任；

（5）以启发与诱导代替命令与服从。

管理是一个创造机会、挖掘潜力、鼓励发展的过程。想要打造开放的生机型文化氛围，管理者就要学会张弛有度，灵活使用 X 理论和 Y 理论。

（1）小白员工适合 X 理论，成熟员工适合 Y 理论。很多人刚踏入社会时，都会经历一段从学生转变为职场人的过渡期。这时候他们找不到工作乐趣，认为上班是一件很痛苦的事情。所以这时管理者要用 X 理论来管理他们，适当给他们压力，等他们慢慢成熟起来，能从工作中获得自豪感和成就感时，就可以使用 Y 理论对他们进行管理。

（2）喜欢工作的员工适合 Y 理论，反感工作的员工适合 X 理论。在工作时，很多人不喜欢付出的原因是他在做自己不喜欢的工作，这时就需要有人监督。而如果一个人在做自己喜欢的工作，他就会积极主动，这时根本不需要有人监督。

（3）不同的人，适合不同的理论。每个人的成长速度都是不同的，有些人消极怠工，遇事消极悲观，能躲就躲，对任何事情都不感兴趣，对于这样的人，企业管理者就需要使用 X 理论来管理他们。而有些人成长速度快，遇事积极乐观，善于观察学习，只要有条件，他们就会发挥巨大的价值，对于这样的人，企业管理者人就需要使用 Y 理论来管理他们。

管理者决定企业文化的形成，其思想理念决定企业的价值观。只有管理者转变思维方式，运用好以人为本的 Y 理论，才能在企业中建设生机型企业文化。

10.2.2　实行透明化管理，使员工成为管理参与者

很多管理者都发现，随着企业规模的不断壮大，企业员工渐渐开始偷懒。其实，这不是企业员工的道德品质有问题，而是因为管理不够透明。一般来说，企业的普通员工只是一个单纯的劳动力，他们很难知道企业管理层面上的方针、政策、目标，这导致员工无法找到自己在企业中的位置，也很难与企业的发展目标共情，因而他们也不会产生主动创造价值的想法。

因此，管理者要实行透明化管理，让员工了解并掌握企业发展、经营、管理的过程，使员工从单纯的劳动力变为企业管理的参与者，激发员工的积极性，打造上下一心的生机型文化。

1. 明确透明化管理目标

很多管理者认为透明化管理就是将相关制度、工作流程、信息公开。事实上，透明化管理不止于此。这种管理方式不是为了将企业信息展现给监管部门和政府部门，而是为了让员工了解和掌握企业信息，给员工营造宽松且公平的工作环境，让员工和企业健康发展。因此，管理者要明确透明化管理目标，在管理中坚持以人为本，使管理过程、相关制度、工作流程等都向员工公开。

企业可以建立一个透明化管理平台，让每个员工都能通过这个平台了解自己和他人的工作内容，从而加强各部门的信息交流，促进员工协同工作，提高工作效率。

2. 企业服务管理透明化

企业的管理部门和经营部门协同工作是管理透明化的基础，这需要推进企业服务管理透明化，实现基础设施透明化管理，将员工无法看到信息资源直观地展现出来，提高管理部门的服务管理质量。另外，企业管理者要以身作则、严于律己，鼓励和引导员工向上反映自己的工作情况，特别是一些负面信息，以此来了解企业服务管理的情况，从而更好地推进服务管理透明化。

3. 企业信息透明化

想要实现透明化管理，促进企业信息透明化是必不可少的一步。企业可以通过宣传的方式来促进信息透明化，例如通过会议、信息管理系统发布企业信息，让员工了解企业发展情况。这样员工会更加关注企业的成长，当企业面临困境时，员工也会与企业共进退。

10.2.3　对员工有信任，也有监督

管理者既然把工作交给了员工，就要信任员工的工作能力，不要总是打乱员工的工作计划。管理者不懂放权可能会让员工形成依赖心理，不主动承担工作，缺少创造力，这非常不利于生机型企业文化的形成。但是管理者也不能完全当甩手掌柜，对交代给员工的工作不闻不问。最好的办法是管理者对员工有着二分之一的信任，既不干扰员工的工作，又对员工进行适当的监督。

沃尔玛公司创始人山姆·沃尔顿在创业初期十分辛苦，因为对于公司的大部分工作，他都亲力亲为。但随着公司的壮大，他渐渐开始力不从心。后来他意识到自己不可能参与公司的一切工作，他必须给员工授权，让他们从单纯的执行者变成参与者。

于是，在第二家沃尔玛店开业时，沃尔顿将自己的权力分给了一些优秀的管理人员。随着公司的发展，他又将更多的工作交给了员工，而且允许员工自由行动、自主决策，包括根据销售情况订购商品和决定促销策略。

在授权时，沃尔顿一直注意维持员工自主权与公司控制权之间的平衡。一方面，他制定了许多规定，要求公司的每一位员工都要牢记并严格遵守；另一方面，他给了每家分店足够的自主权，让他们可以自行决定商品订购、促销计划，以在市场变化的第一时间对销售方案做出调整。

这一举措让沃尔玛公司获得了很大的发展，公司详细且明确的规定成了牵制各分店的一根绳子，让各分店不能谋取私利；同时各分店又有足够的机动性，可以随时调整销售方案，不用向上请示，极大地提升了工作效率。

那么管理者应如何做到授中有控呢？

1. 先于员工想到可能出现的问题

管理者必须在交代工作时就想到可能出现的问题，然后根据这些问题决定授权的程度并规定相应的职责和利益。这一步是在事前向员工明确工作的利害关系，即向员工明确相关规定，使他们不敢谋取私利。

2. 权力不能交错，不能闲置

授权是为了让员工成为管理者手的延伸、脚的延伸、眼的延伸和耳的延伸，但如果管理者同时给了两个人同样的权力，不仅不能让自己的手、脚、眼、耳延伸，反而可能会使他们"打架"。因为两个员工都想要功劳，不想负责任，最后就会产生互相推诿、工作无人负责的结果。另外，权力必须对应好负责人，管理者不能让权力闲置，否则权力就失去了作用。

3. 及时掌握员工的工作情况

管理者要及时了解员工的工作进展，要求其定期汇报，并对其进行必要的引导，保证其工作方向不偏离正轨。

4. 保留对员工工作的直接协调权

管理者对工作应保留直接协调权，当员工工作中出现他们无法解决的问题时，管理者可以及时出手，力挽狂澜，避免工作出现更大的危机。

只有授中有控，控中有授，及时引导检查，才能让权力在激发员工工作活力的同时，保留管理者的主导权，将工作风险始终控制在合理范围内。

10.2.4 如何采用使命式指挥

使命式指挥与命令式指挥是相对而言的。命令式指挥强调企业内自上而下的控制，而使命式指挥则强调企业通过赋予员工更大的自主权来激发他们的使命感，使之充分发挥潜力，更好地完成工作。

如今企业的规模不断扩大，为了能够高效协调企业内部的各个部门，使其能够独立运作，充分发挥员工个体的主观能动性，管理层需要聚焦局部职权，对其进行使命式指挥赋能。

使命通常可以分为业务使命、过程使命、技术使命、财务使命。业务使命是依据组织的精益发展战略，将不同业务按不同比例赋予使命。例如创新业务类型需要确定新的愿景；拓展业务类型需要确定阶段性拓展使命等。技术使命通常与业务所需技术相关。而过程使命、业务使命、技术使命三者具有密切的相关性，需要做到紧密结合。

企业的高层管理者负责制定使命，各业务线负责人负责将其分解，而团队则要将分解后的使命落地。

在建立使命之后，首先，企业要建立跨职能团队。传统的部门只能从事业务的某一环节的工作，无法独立完成一项业务。因此，企业要改革结构，建立跨职能、高内聚、低耦合的去中心化团队。以团队为单元，能够更好地确保员工对工作的理解，能够促使他们更快更好地完成工作任务。

其次，根据"两个披萨"原则，团队成员最好保持在 5 ～ 10 人。这样有助于加快信息传递速度，保证团队内部对信息的理解保持一致。同时，去中心化的团队赋予员工极大的自主性，让员工在一个自由的环境里拥有很强的领导力，有助于企业吸引并留住人才。

最后，团队要建立目标体系。目标体系能够助力团队建立统一目标，并将其分解为逐步实现的目标。目标体系具有迭代性，同时遵循使命原则，它既确定了团队的目标方向，又驱动团队逐步实现目标。

当然，如果想要真正发挥使命式指挥的作用，企业还需要建立一套完善的反馈体系，验证团队发挥自主权的成果。此外，企业还可以适时地收放给予团队的自主权，定期查看预算的使用情况。

10.2.5　非指责性事后调查

当员工报告坏消息或者犯错误时，一些管理者总是会陷入思维定式中，第一反应是追究责任，通过批评员工的方式，让员工记住自己犯的错误。然而，这真的能让员工吸取教训，日后不再犯错吗？答案是否定的。

管理学中有一个波特定律，它认为当员工受到批评时，他们总是只记得批评的前几句话，原因是他们忙着思索，想反驳上司开头的批评。可见，一味地指责并不能促使员工记住他们所犯的错误，反而会让他们产生抵触情绪，犯更多的错误。

没有员工想搞砸自己的工作。如果员工能主动向管理者报告坏消息或承认自己的错误，则证明他们已经在反思自己的工作，并且渴望管理者能够帮助他们解决问题。因此，管理者不要过度地指责他们，而是要和他们充分交流，调查出错原因，帮助员工积累经验，避免再犯类似错误。

首先，管理者应以正确心态对待犯错的员工。谷歌的首席人才官拉兹洛·博克曾表示，管理者要定期找出表现最差的 5% 左右的员工。但这样不是为了找出要解雇的人，而是找出需要帮助的人，因为表现差的员工在其他岗位上可能会有着十分出色的表现。

其次，注意沟通时的情绪。当管理者因为员工犯错找他谈话时，员工的心里一定是忐忑不安的。如果此时管理者只对员工训斥责骂，只会使员工战战兢兢，不敢再交流。即便是接下来的谈话中涉及工作方面的建议，员工也听不进去了。管理者可以换一种表达方式，先认可员工之前的付出，再理性分析出错的原因。这样能保护员工的自信心，让其怀着感激之情积极提升自己的业务水平。

管理者在对员工表达认可时，应以事实为前提，而不能为了激励员工而夸大员工的表现。有些员工虽然工作结果比其他人的略差，但是工作过程中有可圈可点的地方。管理者可以从工作过程入手，认可员工的工作态度、工作实施方向、努力程度等。

管理者在认可员工的优点后，可以通过让员工填写表现分析表的方式找到员工失误的原因，如表 10-1 所示。

表 10-1　员工表现分析表

工作相关标准	评价因素描述	评　分
工作责任感	1. 肯为工作结果承担责任	
	2. 保持良好的出勤记录，没有不合理缺席	
	3. 表现出维护团队利益与形象的具体行为	
	4. 乐意接受额外的任务和必要的加班	
工作品质	1. 为后续的工作提供最大的便利	
	2. 遵守规章制度和业务规程	
	3. 服从管理者指示	
	4. 在无监督情况下保持工作质量的稳定	
工作效率	1. 能在规则允许范围内改进方法以提高效率	
	2. 根据需要主动调整和加快进度	
	3. 准时完成工作任务	
工作技能	1. 能根据当前工作的特点，对现有的方法和技术做出灵活运用，并创造性地提出新的方法	
	2. 具备良好的发现和解决问题的能力，及时发现问题，找出问题的原因，采取有效的措施解决问题	
	3. 具备良好的理解能力，很好地理解工作任务需求	
	4. 具备必要的业务工作知识、技能和方法，能独立完成本岗位的工作	
团队合作	1. 能为团队利益做出个人的牺牲	
	2. 采用合适的方式表达不同意见	
	3. 愿意与他人分享经验和观点	
	4. 参与和支持团队工作，推进团队目标的达成	
	5. 与同事和协作部门保持良好的合作关系	
个人发展	1. 对自己的能力和判断有信心，愿意尝试有挑战性的工作任务	
	2. 以积极态度接受与工作有关的培训	
	3. 安排利用个人时间以提高专业技能	
	4. 经常对自己提出新的要求和目标，愿意承担更大的责任	
	5. 有清晰的个人发展计划和培训需求	

　　员工工作业绩不好，可能因为他所处的团队没有良好的工作氛围，管理者应为员工创建一个既有竞争又有合作的工作氛围。如果团队的每一位成员都朝着各自的目标努力，相互合作，那么即使一些员工的个人能力不强也能在团队的带动下，心态越来越积极乐观，进而突破自己的极限来完成任务。

10.3 全方位打造生机型文化

除了建立价值观和带头推动文化建设外，企业还要营造自由、开放的氛围，打通沟通渠道，与员工共享、共建，以此创建信任感强、高度合作的生机型文化。

10.3.1 营造开放、自由的企业氛围

在企业进行数字化转型的过程中，企业文化也必然会发生演变。随着企业边界逐渐模糊、生态越来越开放，企业文化也应开放、自由，这样才能适应企业的新发展。

企业可以以实践社区促进开放、自由的企业文化的创建，促进跨部门知识的传递，在企业内部营造良好的学习氛围，让员工人尽其才。

在实践社区内，企业可以定期举办社区交流大会。在交流会议上，每位员工都可以提出自己的见解，吸取别人的优秀经验，实现自身的成长。而通过这样持续的回顾与主题研讨会议，不仅可以活跃小团队内的文化氛围，对于企业所面临的人才、客户服务、质量、风险管理等问题，也具有显著的改善作用，可以助力企业的管理优化。

除了召开交流会议与主题研讨会议外，企业还可以定期举办兼有娱乐性质的创新设计大赛，鼓励员工积极创新，促使员工学习新技术，激活组织活力与创新力。而企业内部的一套培养人才的完整闭环，可以对种子人才进行针对性的培养，例如敏捷教练、数字化产品经理等，增强这些种子选手的影响力，增加企业文化浓度，吸引更多年轻、优秀的人才加入。

企业文化的提出源于全球经济一体化的发展要求。20世纪70年代，欧美的一些管理学家开始研究企业管理之道，他们发现日本企业更注重员工对企业的忠诚度，喜欢在企业内塑造一种将价值与心理因素整合的文化。在此基础上，20世纪80年代初，阿索斯和沃特曼等学者掀起了企业文化研究的热潮。

但凡成功的企业文化，都具有社会特征。例如，在IBM、惠普、沃尔玛等美国企业中，实现员工价值都是企业价值观的核心内容。

　　在经济全球化的背景下，文化多元化已成为一种发展趋势。但在这种发展趋势下，民族文化依然是企业文化的重要体现。在越发开放、自由的数字化时代，企业不仅要吸纳优秀的外国文化为我所用，还要注意保持和发扬我国优秀的传统文化，从而将我国优秀的文化传统与先进的现代管理思想相结合，提升企业的竞争力。

　　例如，某企业为了全方位增强企业的凝聚力与创新性，在产品、技术、组织团队等各个方面都进行了变革。通过在企业内部创设转型学堂、阶段性期刊等宣传载体，大力弘扬生机型企业文化，如图 10-1 所示。

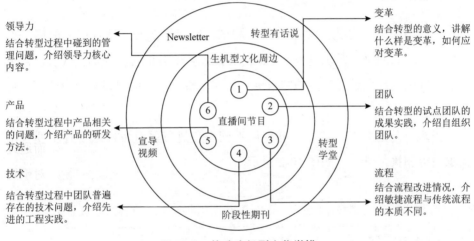

图 10-1　构建生机型文化举措

　　企业文化能够对员工起到凝聚、约束、激励和辐射作用，但创建企业文化的最终目的是使其长期服务于企业的经营战略。因此，企业文化建设必须围绕企业的未来发展目标。数字化转型作为各行各业的发展趋势，也是企业文化建设的重要内容。因此，打造开放型企业文化势在必行。

　　没有一个企业的文化能够脱离大环境而存在，特别是在当今互联网快速发展、经济环境开放自由的背景下，文化多元化已经成为新的发展趋势。企业需要思考外部环境的变化对企业文化的影响，将企业的优秀文化与未来战略相结合，制定出符合企业数字化发展趋势的文化和管理方案，从而改善经营绩效，提高竞争力。

10.3.2 打通"部门墙"，消除"信息孤岛"

随着互联网思维引入各行各业，数据已经开始由信息资源转变为生产要素，成为支撑公司发展的重要基础。企业也应该顺应数字经济发展的趋势，引进现代化的沟通与协作工具，推动企业内部的数字化进程，将"部门墙"打通，实现高效沟通，形成开放的企业文化。那么，又有哪些现代化的工具值得使用呢？

1. 流程日志

流程日志通常分为计划、开发、测试、完成4部分，适合产品的研发部门使用。产品的每项需求以卡片形式进行展示，卡片的位置越高，代表该需求的优先级越高。通过对产品的需求进行梳理，整个项目的研发进度也变得一目了然。

需求卡片通常分为3种，并使用不同颜色进行区分。需求卡片主要包括需求内容和执行进度，如图10-2所示。

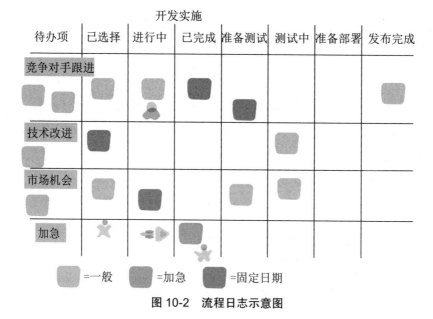

图 10-2　流程日志示意图

除了开发进度这种一目了然的信息外，企业也可以通过流程日志了解一些隐性信息。例如，如果计划区的卡片较少，则说明产品的需求数量和更新速度出现问题，需要由产品策划部门进行补充；当某项需求长期未被解决，则说明出现技术瓶颈，需要与相关部门进行沟通，明确是需要加大资源投入还是暂时放弃该需求。

2. 数据墙

数据墙适合产品的运营部门使用，它可以将反映产品运营状态的参数展示出来，如日新增、日活跃等。运营部门也可以根据产品类型或产品所处阶段决定参数类型。

数据墙可以以参数、日期为核心维度，制成简单的二维数据表，企业可以绘制折线图表明数据的发展趋势，并绘制出目标量，以方便观察目标的完成情况。数据墙可以培养员工关注产品数据的习惯，并增强其数据分析能力。

在运营过程中，企业也要将新发现的关键参数在数据墙上展示出来，并补充改版前后这些数据的表现，这样可以帮助企业更好地了解产品改进的突破点。

3. 协同工作的工具平台

传统的工具平台并不支持多人协同作业，往往需要一人在文档中编辑完成之后发送给下一人，流程烦琐，且浪费时间。而可以协同工作的工具平台则完美解决了这一问题，例如 Worktile、会议桌、腾讯文档、印象笔记等。团队成员可以根据文档开放范围在线同时作业，显著提高团队工作效率。现在市面上的协同办公工具平台基本实现了 PC 端和移动端全覆盖，支持多人同时对文档编辑和评论。因此，团队成员可以轻松完成协作撰稿、方案讨论、会议记录和资料共享等工作。

共享文件夹适合存放那些占存储空间很大，或者不方便在线上进行修改的文件。这类文件并不常用，在需要时又很难迅速传输，因此都可以在共享文件夹中进行存档，方便随时取用。值得注意的是，员工只能在局域网范围内访问共享文件夹。

线下共享工具的位置醒目，且可视化程度较高，但需要专人进行实时维护，同时单次可共享的数据较少。线上共享工具则正好相反，共享数据较多，无须专门维护，但其可视化程度不高，需要员工主动查找。

在实际使用中，企业可以综合运用这些协作工具，降低数据共享的时间及资源成本，从而推动公司的数字化进程，全面提升公司各部门之间的沟通效率。

10.3.3　实施内在激励，关注个人成长

著名心理学家马乔里·塔格特·怀特在对动物行为进行研究时发现，即使没有外在奖励，有些动物也会因为自身喜好而自发重复某一动作，由此怀特提出了内在激励理论。

内在激励指的是个人通过给自己设定目标激发成就感，从而激励自己努力工作。内在激励是工作本身带给人们的激励，包括工作的趣味性、成就感等。而外在激励则是工作以外的奖赏，包括报酬、升职等。相比之下，内在激励更稳定、更持久、效果更好。

近几年，"Z世代"步入职场，他们物质富足，较为关心自己的职场发展和自我价值能否最大化。在寻找工作时，他们不仅看重企业能提供的薪酬，还会考虑企业文化与自身价值观和兴趣的契合度。甚至在薪水不理想的情况下，他们也会因为价值观相投而选择留下，并且因为价值观相投而对工作更加热情和忠诚。在这种情况下，外在激励对员工的作用逐渐减弱，企业则应该转而考虑内在激励，关注员工的个人成长，让其主动创造价值。

1.待遇方面

管理者要明确，员工工作的本质是为了满足生活的需求。虽然薪资不一定能完全满足员工的需求，但人力是一个企业的资本，而不是成本。想留住员工，企业必须在薪酬和福利方面让员工感到满意。

2.个人发展

职场发展前景对于员工来说至关重要。良好的发展前景能使员工实现自我价值，是员工长期留存的关键。管理者应充分了解员工对个人发展的想法，尽力帮助员工在工作中成长，协助员工进行职业生涯规划。

3.兴趣发展

枯燥的工作容易使员工懈怠，而兴趣的培养则可以改善员工对工作的态度，使员工保持轻松愉快的心情。管理者应注重培养员工的兴趣，让员工在兴趣中工作。因此，企业应多开展特长爱好方面的活动，使员工的心情得到调节，使其提高对公司文化的认同感。

4.鼓励员工参与决策

参与感是调动员工积极性的重要因素。一定程度地参与公司决策，可以培养员工的主人翁意识，让员工主动为企业考虑。企业可以在制定目标和管理制度时，集思广益，积极听取员工的意见，从而让他们更认可公司的制度和文化。

10.3.4 建立数字化人才培养训练营

时代在变化，人才雇佣的方式也在变化。传统的终身雇佣制让员工失去了自我提升、为企业创造效益的动力。而自由雇佣制又导致员工频繁跳槽，忠诚度下降，企业人才容易流失。因此，在自由雇佣制的基础上，企业为了增强员工与企业之间的联结，也为了更好顺应企业数字化转型的大趋势，提出了数字化人才培养训练营这一概念。

领英创始人里德·霍夫曼提出了一个新的人才策略：建立雇主与员工之间的互惠关系联盟。企业需要告诉员工："只要你让企业更有价值，企业就让你更有价值。"员工需要告诉老板："如果企业帮我壮大事业，我就帮企业壮大事业。"这样，员工专注于帮企业取得成功，而企业注重提高员工价值，员工和企业双方都投资了这段关系，他们之间的联系也就更牢靠。而数字化人才培养训练营就是这样的互惠关系联盟的具体落地形式。

企业若想构建一个功能完备的数字化人才培养训练营，首先，要在企业内部统一数字化的共识。因为不同岗位的不同员工对数字化的定义不一样，对应该在什么时候开始数字化转型的认知也不一样。例如产品经理、管理者和工程师，他们对于数字化的侧重点是不同的。而数字化转型是一个长期的过程，在这个过程中还需要给予员工新的知识、新的资讯。企业需要与员工在数字化转型的认知上达成一致意见，让员工主动参与到自我提升的过程中来。

其次，企业需要明确自己需要什么样的人才，结合业务痛点和用户需求，优先培养稀缺人才。例如缺少产品经理，企业就要对员工进行针对性的产品规划和管理等方面的培养；缺少工程师，企业就要对员工进行工程系统开发、设计、维护等方面的培养；而缺少管理者，企业就要对员工进行人际关系和综合能力的培养。

当然，无论是技术人才、业务人才，抑或是管理人才，在数字化转型进程推进的过程中，都需要了解数字化服务管理实践，例如 VeriSM 和 ITIL、学习设计思维与精益创业等。企业要确保培养出的数字化人才能够了解标准的数字化运行体系框架。换言之，无论是培养哪方面的人才，落脚点都是通过数字化对企业进行赋能。

最后，要推动组织提升与人才落地。只有培训是远远不够的，市场环境复杂多变，员工在培训中所获得的知识技能需要在实战中进行演练，否则只能是纸上谈兵。企业可以通过将实际项目或业务场景与员工培训所学知识建立关联性，使知识体系与实际业务产生真实连接。这样才能够让数字化植入到每个员工心中，才能将真正地推动组织提升。

当然，企业需要尽可能做到理解数字化、推动数字化和实践数字化。而且企业不要担心员工搞砸业务而不敢放手让员工去做，或者认为人才培养成本过高而草草走个形式，这些都是没有意义的形式主义，万万不可取。

企业需要明白，构建数字化人才培养训练营的最终目的是推动企业的数字化转型。企业培养数字化转型人才是要使一群人拥有统一的想法，使他们摒弃旧思想，拥抱新思维。而这就是变革转型的过程，同样也是人才与企业共同进化的过程。

10.3.5　如何建立跨职能团队

跨职能团队是由一群来自不同领域的人组成的，与传统的业务部门相比，其在横向上能够更好地进行思维碰撞；而在纵向上，去中心化的团队没有自上而下的等级制度。

传统的业务部门只能够执行单一的职能，而跨职能团队可以高效解决大量业务问题。来自不同部门的成员就统一目标互相交流意见，其中蕴含的敏捷思维是实现快速迭代与提高产品质量的关键。

从理论上来讲，跨职能团队的组建并不复杂，例如由普通团队成员与主要决策者组建的跨职能团队模式就十分常见。但在实践过程中，这些跨职能团队却往往不能够按照计划顺利完成任务。究其原因，是因为工作习惯的不同和部门亚文化之间的差异导致的。

跨职能团队内部往往会存在目标不一致、沟通有障碍、不清楚角色定位、不熟悉工具使用方法和方法冲突等问题。为了建立一个能够高效运转的跨职能团队，克服以上问题，团队必须要做到以下几点。

1. 明确领导角色

在跨职能团队内部，除了各个职能的领导外，还需要统筹整个大团队的领导角色。只有明确领导角色，各个成员才可以找到自己的定位，明确自己在团队价值链中的作用。

2. 清晰的目标和计划

跨职能团队从成立之初就应该有一个统一的大目标。以目标为指引，制定详细的路线规划图。在路线规划图中，不仅要设定实现阶段性目标的日期，还要体现每个团队成员的工作任务与完成情况，做到精准监督。

3. 无障碍沟通

沟通是团队成员之间建立联系的渠道，有效地沟通可以确保每位成员都能准确理解团队的目标，明晰自己的任务。即使需要花费大量时间，团队内部也要坚持交流，否则由于缺乏沟通导致的工作频率不一致会严重影响团队目标的实现。

4. 定期评估

跨职能团队中的每个职能都应当有专属的评估系统，确保团队成员能够使用正确的方法对工作完成情况评分。除此之外，评估系统还可以跟踪团队目标进度并分析数据，确定问题出现在团队凝聚力还是专职功能方面。

5. 保持团队灵活性

跨职能团队要保持团队的灵活性，即使团队成员处于不同环境，也能够将工作成果及时提交并汇总。灵活的团队架构还能够为组织成员的增减预留出空间，例如可以通过保存文档使新成员快速上手。团队还要培养成员的敏捷思维，让他们灵活应对工作中的各种突发情况。

一个成功的跨职能团队必然会在各项职能之间做出平衡，不会使某些成员觉得自己被忽视。同时，建立合理的等级制度也很有必要，成员可以自行决定低风险任务，在任务失败的时候也不会受到无端的责备。团队领导者也要注意不要就某一项问题对成员进行指责，减少无意义的会议，让团队成员能够自由地进行创造，提高自己的工作效率。

10.3.6 如何做员工工作满意度调查

员工的工作满意度是衡量员工与公司、员工与员工之间关系的指标。员工满意度调查最直接的作用在于诊断高人员流动率原因并及时解决。同时，通过员工工作满意度调查，公司管理层能够及时了解公司潜在的问题，了解员工对公司战略决策的态度，从而有效改进公司的管理机制，保证公司的业绩不会受到影响。

公司如果想要获得一份有效的员工工作满意度调查结果，需要做到以下几个方面。

首先，根据公司的实际情况确定影响员工工作满意度的指标。某公司的员工工作满意度调查表部分问题如表 10-2 所示。

表 10-2　某公司员工工作满意度调查表部分问题

题　号	问　　题
1	你认为公司有清晰的战略吗？
2	公司领导对你进行过愿景描述吗？
3	你认为公司有一个明晰的战略规划和共同愿景对员工会起到什么作用？
4	你认为公司目前明显的竞争优势是什么？
5	你认为目前制约公司发展的主要因素是什么？
6	你认为公司的未来前景如何？
7	你认为公司的风险来自哪些方面？
8	在你工作需要相关部门协助时，相关部门配合状况如何？
9	是否出现多个领导向你分配任务的情况？
10	你一般通过何种方式向上级汇报工作？
11	你希望所在的企业有什么样的价值取向？
12	在与你相关的工作中，你是否能充分行使建议权？
13	你认为制订的工作计划有用吗？
14	你是否很明确了解自己的工作职责与权利？
15	你认为公司的人际关系如何？

一般来说，调查表的内容主要围绕公司文化、价值观、管理质量等方面。公司可以先在小范围内测试该问卷，然后根据反馈调整问卷内容与表述方式，再进行大规模测试。

其次，公司要做好调查前的沟通工作，事先与员工沟通好调查时间。例如可以在下班之前抽出 15 ～ 20 分钟的时间用来做问卷调查，不要占用员工的休息时间，否则员工可能产生不满情绪，影响问卷结果。同时，告知员工该测试的重要性，确保问卷匿名，员工无须担心被追责。

再次，除了问卷调查的定量研究外，公司还可以针对员工个人的建议进行一对一定性研究，深度挖掘公司内部问题。大多数公司通常将定量与定性两种研究方法结合使用，先通过小范围的深度挖掘确定问题范围，再通过大规模问卷调查快速获取结果。

最后，在获得调查结果之后，公司一定要做到及时反馈，制订出切实可行的员工工作满意度改善计划。公司要将调查中发现的问题如实地反馈给员工，让员工知道自己的回答是有意义的，让员工了解公司的实际情况，明确自己对公司的影响。而且，只有真正地落实改善计划，员工才会更积极地为公司的发展建言献策，进行员工工作满意度调查的最终目的才能得以实现。